U0883626

红星闪耀安医人

总顾问：顾家山　曹云霞

顾　问：刘群英　肖圣龙　吕雄文

主　编：张　芳　惠继荣

编　校：张　芳　王　陶　李　涛
　　　　吴　敏　张幸媛　洪　瑶
　　　　程　焱

合肥工业大学出版社

序　言

1921年7月，中国共产党诞生于上海，这一开天辟地的大事件给近代饱受战乱的中国人民送来了光明和希望。1926年5月，也是在上海，在澎湃而动荡的时局中，在西学东渐、教育兴国的呼声中，一群怀着“医学救国”理想的留日爱国志士在南市沪军营创办了我校前身——东南医科大学。学校后更名为东南医学院，而后内迁怀远，再至合肥，最终定名为安徽医科大学。追溯学校近百年发展史，安徽医科大学始终与国家、民族和人民同命运、共呼吸，一代代安医人以医学救国为初衷，以民族富强为要旨，前赴后继、薪火相传，为党和国家的伟大事业不懈奋斗。自建校之日起，安徽医科大学的血脉之中就蕴含着红色基因。

在庆祝中国共产党成立100周年暨建校95周年之际，我们打开尘封在时光里的档案，追寻先烈的足迹，梳理学校早期共产党员的事迹，用红色档案讲述党的百年故事。我们选取了学校历史上12位早期共产党员，对他们的革命事迹进行挖掘整理。这其中有参加上海第三次工人武装起义的进步工人、陈云的革命战友；有奔赴延安的四位校友、毛泽东和中央首长的保健医生；有合肥市首任市委书记，有三过草地走过长征的老红军战士……他们是安徽医科大学的星星之火。正是在他们的引领下，安徽医科大学以医学报国为己任，辗转三地四易校名，95载育人不辍，成为安徽省高等医学教育事业和卫生健康事业的开创者、孕育者和引领者。

习近平总书记说：“历史是最好的老师”“一切向前走，都不能忘记走过的路；走得再远、走到再光辉的未来，也不能忘记走过的过去，不能忘记为什么出发。”我们编写此书，旨在结合学校历史，深入开展党史学习教育，用身边人身边事讲好党的故事、革命的故事、英雄的故事，全面贯彻党的教育方针，落实立德树人根本任务，坚持为党育人、为国育才的初心使命，继承和弘扬“弘毅担当、精医报国、康民济世”的安医精神，努力培养担当民族复兴大任、护佑人民健康的大国良医，推动学校各项事业高质量发展，奋力开创国内一流高水平医科大学建设新局面。

学史明理，学史增信。虽然这些红色档案与我们所处的时代隔着长长的岁月，但这些优秀共产党员的事迹不会被淡忘，这些宝贵的精神财富因跨越时空而历久弥新。让我们以这一群星光闪耀的红星为榜样，大力发扬红色传统，传承红色基因，坚定信仰信心信念，厚植爱党爱国爱社会主义的情感，赓续共产党人的精神血脉，让红色基因、革命薪火在安徽医科大学代代相传。

是为序。

顾家山

2021年9月

目　录

薛兆圣：革命星火　点燃东南

图1　薛兆圣

（图片来源：上海市第一人民医院）

薛兆圣（1906—1992），曾用名促达，江苏武进湟里镇人，我校1933届校友。1925年在上海商务印书馆加入孙中山领导的中国国民党，随后加入中国共产党，参加上海“五卅”大罢工和上海工人第三次武装起义。1927年赴武汉出席全国第四次劳动代表大会。抗战期间，在国民党136后方医院任外科主任兼代医务主任，从事抗日伤病员医疗工作。抗战胜利后，赴美国学习公共卫生专业。中华人民共和国成立后历任上海市公济医院（今上海市第一人民医院）副院长兼防保科主任、院长；院专家委员会主任、名誉主任；上海市第四、五、六届政协委员。薛兆圣校友献身医疗卫生事业50多年，为上海工人运动及医疗卫生事业的发展作出了可贵贡献。

和陈云一起投身革命

薛兆圣，1906年出生于江苏武进湟里镇，少年时到上海商务印书馆工作，深受新文化思想影响，于是加入了孙中山领导下的中国国民党，并且介绍同事陈云加入了国民党，陈云还成为“商务印书馆发行所分部”的首创人之一。当时的商务印书馆既是“知识之府”，也是传播马克思主义新文化的一个阵地，中国共产党早期党员沈雁冰（茅盾）、徐梅坤、董亦湘、恽雨棠等都曾在这里工作和战斗过。1925年5月，商务印书馆三所一处建立了中共商务印书馆支部，董亦湘任党支部书记。同月，上海日商内外棉纱厂资本家撕毁二月罢工时与工人签订的协议，以停工关厂向工人反扑。顾正红带领工人进厂交涉，惨遭日籍职员枪杀。顾正红惨案激怒全市人民，成为五卅运动的导火索。

5月30日，上海爆发了声势浩大的反帝大示威，工人罢工、学生罢课、商人罢市，震惊中外的五卅反帝爱国运动爆发。五卅运动中，薛兆圣和商务印书馆大多数职工一起，参加了罢市和游行，同时参加“募捐办报”和义卖《公理日报》等活动。在这场运动中，薛兆圣和陈云等看清了帝国主义的真面

图2　早期商务印书馆的车间

目，看到了工人阶级的觉醒，感受到了工人阶级蕴含的力量。

于是在这一年，由董亦湘、恽雨棠介绍，薛兆圣和陈云相继加入了中国共产党，实现了由民主主义思想到共产主义思想的转变，开始作为劳工组织者从事共产党的活动。据记载，薛兆圣和恽雨棠私交甚笃，他介绍中共中央机关报《红旗日报》及上海市市政工会机要秘书、共产党员李文与恽雨棠成婚。

图3　1925年商务印书馆发行所职工会第一届执行委员会委员合影
（前排左3为陈云）

在周恩来领导下从事革命工作

北伐战争期间，上海工人阶级为配合北伐进军，推翻北洋军阀的反动统治，在中国共产党的领导下举行了三次武装起义。1927年3月21日，在中央军委书记兼特别军委书记周恩来的领导下，中共上海区委发动上海工人第三次武装起义。3月21日中午12时，上海总工会发布总同盟罢工令，全市80万工人实现了总罢工并立即转入武装起义，租界里的中国工人也集合到华界参加起义，经过30个小时的浴血奋战，于22日6时许攻克了敌人的全部据点，占领了上海，取得第三次武装起义的胜利。上海三次工人武装起义的胜利，打击了帝国主义和军阀的反动统治，显示了中国工人阶级的顽强战斗精神和强大的组织力量。起义之前，周恩来同志曾多次到商务印书馆召开党员和工会骨干会议，号召大家成立工人纠察队。在上海工人第三次武装起义中，商务工人纠察队成为一支善战敢斗的坚强队伍。薛兆圣作为早期的共产党员，积极投身于工人运动，参加武装起义。

3月26日蒋介石到达上海，于4月12日发动反革命政变，上海又处于帝国主义和国民党反动统治之下，到处是白色恐怖。为了保存革命实力，周恩来同志对在商务印书馆工作的一些同志做了撤退的安排。他嘱咐任其祥首先把商务印书馆工会委员长王景云同志迅速转移至别处，然后让其余八九个商

图4　1927年6月19日在汉口召开的第四次全国劳动大会

务印书馆工人分别去湖南、武汉等地。薛兆圣受中共组织派遣回乡，任国民党武进县党部西南五乡特派员，在湟里一带发动农民运动。5月，薛兆圣被推选为上海工人代表，和蒋钟麟一起赴武汉，出席了6月19日在汉口由中华全国总工会发起并主持召开的全国第四次劳动代表大会。这次大会共有代表420人，任务是：工人阶级要领导农民阶级和小资产阶级向共同的敌人作战。大会通过了《国民革命的前途和工会的任务》等13个决议案，选出35名第四届全国总工会执委和20名候补执委，选举苏兆征为委员长，李立三为秘书长。

“马日事变”爆发后，武汉的形势也日益恶化，周恩来及时动员各地来武汉的同志迅速各返原地，以待时机。他说武汉已受到许克祥、夏斗寅的威胁，反革命势力正在蠢蠢欲动，假若同志们继续留在武汉岂不成了“瓮中之鳖”。于是薛兆圣、蒋钟麟在他的动员下，绕道从芜湖、高淳、溧阳一路转常州等地回到上海。

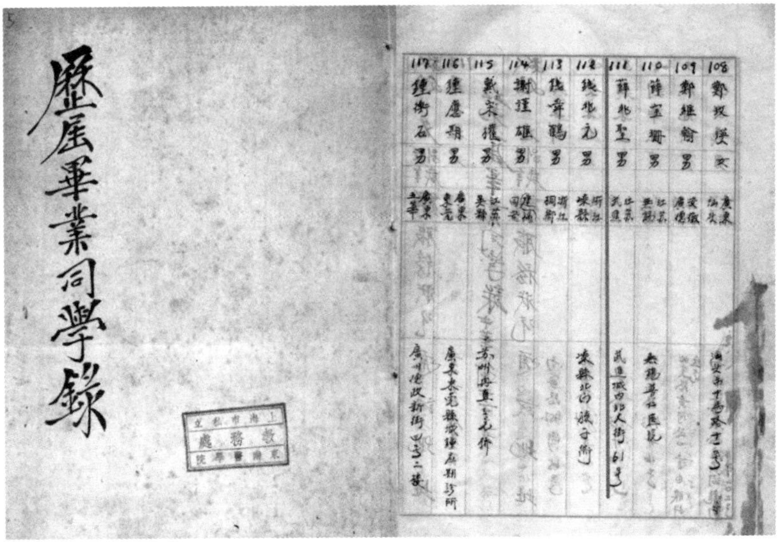

图5　我校《历届毕业同学录》中薛兆圣名录

亦工亦学坚持地下革命工作

1927 年 5 月，薛兆圣回到上海，进入东南医科大学开始学医。在校期间，他一边认真学习医学专业知识，一边秘密从事地下革命工作，在校园内传播马列主义，培养、领导进步学生。

1928 年冬，受中共淞浦特委组织部部长陈云领导，薛兆圣在上海山海关路育麟里 5 号参与创办正德小学，作为特委秘密机关，掩护来沪革命人员，领导上海郊区农民进行武装斗争。

图6　上海山海关路育麟里5号中共淞浦特委机关旧址

1931年1月，中共中央六届四中全会在上海召开，会议被共产国际东方部负责人米夫操纵，王明通过这次全会取得了在中共中央的领导地位，“左”倾冒险主义统治全党达4年之久，给党和中国革命造成严重损害，使党的白区组织几乎丧失了百分之百，红军和革命根据地损失了百分之九十。这直接导致了第五次反“围剿”的失败，红军不得不开始了战略性的大转移（即长征）。1931年5月，薛兆圣脱党。

五十载献身医学事业

1933年薛兆圣从东南医学院（1930年东南医科大学更名为东南医学院）毕业，先后在南京中央医院、南京市立医院等处从医，曾任卫生署四川内江公路中心卫生站主任医师、院长。抗战期间，他在国民党136后方医院任外科主任兼代医务主任，从事抗日伤病员医疗工作。抗战胜利后，其赴美国北卡罗来纳州卫生局和巴尔的摩市卫生局进修公共卫生和医院管理。

图7　20世纪50年代上海市第一人民医院部分医护人员合影
（前排左8为薛兆圣，左3为我校1932届校友龚闽珠）

1949年5月，薛兆圣重新加入中国共产党。上海解放后，薛兆圣被上海市军管会任命为上海市公济医院（今上海市第一人民医院）副院长和院务管理委员会委员，领导医院的接收和民主管理工作。1953年起，薛兆圣兼任医院防保科主任。1980年任院长。1981年任医院专家委员会主任。1984年退休，任医院专家委员会名誉主任。他还担任了上海市第四、五、六届政协委员。

薛兆圣是一位专家型管理干部，富有医院管理经验。50多年来，他工作一贯勤恳、严谨、踏实。20世纪50年代初，针对当时医院科主任半天来院工作的情况，他倡导实行病房负责制，使病房管理水平得到了提升，并受到上海市卫生局的好评。他非常关心职工，建立了医院职工每年一次的体检制度。作为公共卫生专家，他十分重视医院消毒隔离制度的建立与执行。在他的领导下，上海市第一人民医院医护技术队伍不断壮大，业务水平明显提高，设备条件逐步改善，整个医院呈现出蒸蒸日上的发展态势。

图8　1963年北苏州路190号上海市立第一人民医院大门

图9　1985年上海市第一人民医院历任领导和老主任合影
（前排左6为薛兆圣）

在抓医疗和管理工作的同时，薛兆圣一直坚持学术研究，曾发表过《公共卫生推行与群众运动化》《医院病人服务室工作方案》《公用茶杯消毒问题与实验研究》等专业论文，编著《生理常识》《生理卫生知识》等专著。早在20世纪50年代，他就获评卫技一等三级教授职称。

1982年，我校准备举办56周年校庆。此时，薛兆圣已阔别母校49载，但他仍兴致勃勃地参加了由程毅川组织的上海地区校友座谈会，与众多校友畅谈在东南医学院的学习生活，热烈讨论如何支持母校的发展与建设。然而由于诸多原因，学校56周年校庆未能举办，薛兆圣校友也没有回到他离别已久、念兹在兹的母校。1992年2月，薛兆圣校友去世。

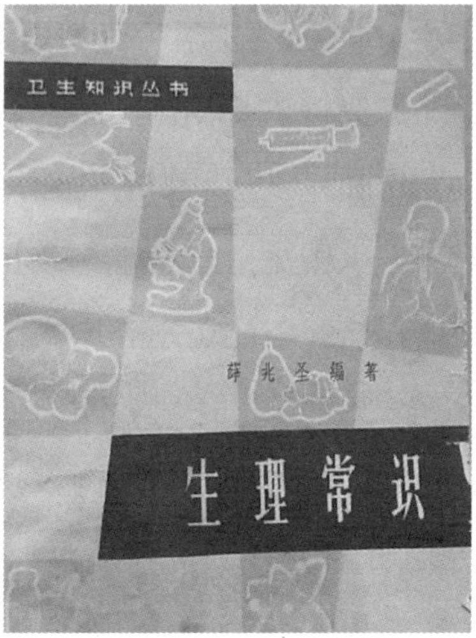

图10　薛兆圣编著的《生理常识》

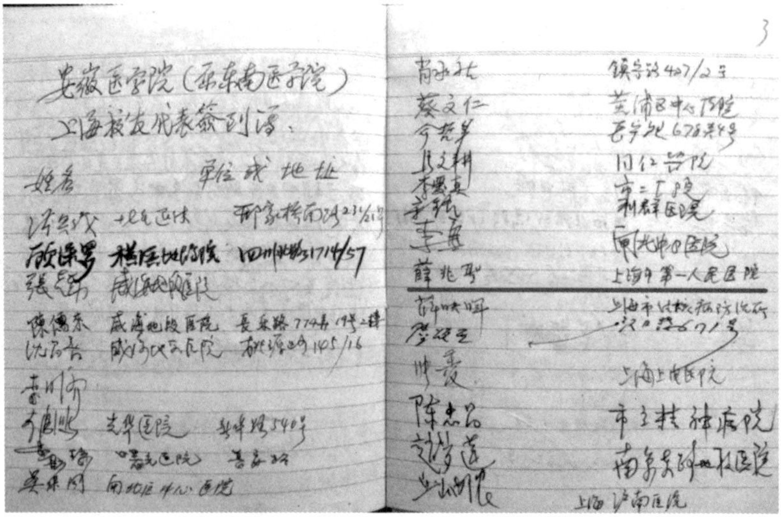

图11　1982年薛兆圣参加上海地区校友座谈会签到记录

薛兆圣校友成长于新旧交替的革命年代，他勇于探索真理，积极追求进步，在革命思潮的影响下，在艰苦的实际磨炼中，从一个爱国的民主主义者转变为共产主义战士。他献身医疗卫生事业50多年，为上海工人运动及医疗卫生事业的发展作出了可贵贡献。正是在如薛兆圣校友这样的星星之火的引领下，红色基因根植于安徽医科大学的血脉之中，成为安医人的遗传因子。每一次回眸历史，都是一次精神的洗礼。我们深入挖掘档案资源，重温一代代安医人听党指挥跟党走的光荣传统，就是要传承红色基因，赓续红色血脉，用信仰之光照亮奋进之路；就是要进一步强化立德树人根本任务，始终坚持为党育人、为国育才的初心使命，把新时代“弘毅担当、精医报国、康民济世”的安医精神更好地发扬光大，奋力谱写高水平医科大学建设新篇章。

（作者：张　芳）

朱仲丽：初心如磐　忠诚奋斗

朱仲丽（1915—2014），原名朱慧，我校1936届校友。1915年生于湖南长沙。父亲朱剑凡是20世纪初我国著名的革命教育家、党的好战士。她15岁时就协助父亲做地下工作。1931年她考取上海同德医学院，后转入上海东南医学院。1936年从东南医学院毕业，到南京中央医院工作。1937年底赴延安，翌年春在延安边区医院任外科医师，并加入中国共产党，与白求恩、马海德等国际共产主义战士一道工作。1939年初与时任中央军委副主席、红军总政治部主任王稼祥结为革命伴侣。在延安，朱仲丽曾担任边区医院门诊部主任，抢救过许多危重患者，后担任中央机关医务所所长、毛主席和中央首长的保健医生。新中国成立后，王稼祥为我国首任驻苏联大使，她作为大使夫人赴莫斯科，活跃在外交战线上。1951年回国，先后担任卫生部妇幼保健处处长、北京苏联红十字医院（即今天的友谊医院）中方院长、中华医学会副秘书长、全国政协委员等。

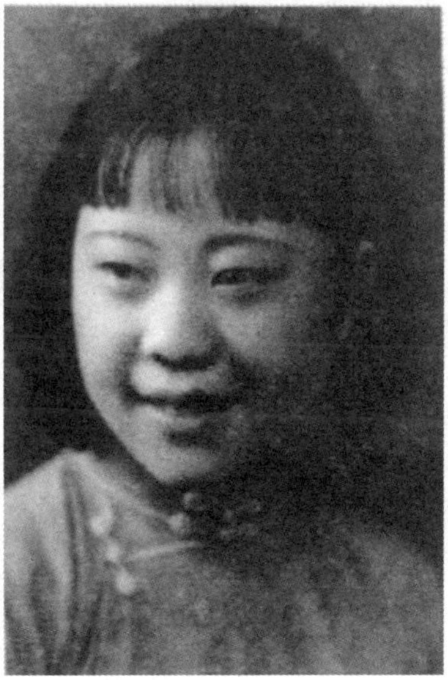

图1　1937年朱仲丽赴延安之前

年轻有为　壮志凌云

朱仲丽的父亲朱剑凡早年曾留学日本，回国后于1904年在自家园林内创办了一所近代中国的女子学校——周氏家塾，专门招收女学生，后周氏家塾改为周南女校。在五四运动前后和大革命期间，朱剑凡先生和毛泽东同志以及蔡和森、何叔衡、徐特立、谢觉哉、李富春、李维汉、郭亮、熊瑾玎、王震等许多党的领导人，共同从事过革命工作，并结识了刘少奇、董必武、吴玉章、林伯渠、李立三、聂荣臻等同志。向警予、杨开慧、蔡畅、丁玲等同志都曾是他的学生。

图2　1934年朱仲丽在东南医学院读书时

朱仲丽童年时代生活在这样的家庭与社会环境中，有机会经常聆听前辈革命家的教诲。“马日事变”时，朱仲丽全家从长沙逃到武汉，后避难上海。朱仲丽父亲开设了一个小酒店作为党的秘密联络点，其哥嫂都在上海做党的地下工作，朱仲丽15岁时就协助父亲做地下工作。1932年她考入上海同德医学院，不久她的父亲——党的好战士朱剑凡病故。1932年11月，朱仲丽由于参加党的地下工作，不幸被捕入狱，获释后转入东南医学院，1936年以优异的成绩毕业。

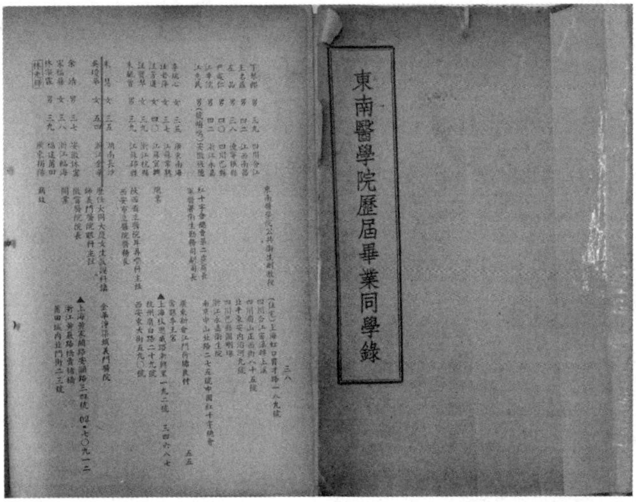
東南醫學院歷屆畢業同學錄

图3　东南医学院1936年毕业同学录（朱慧即是朱仲丽）

当时，南京国民党政府开设了南京中央医院（即新中国成立后的华东军区医院），医院集中了一批名医，设备也很齐全，是为国民党中央委员和部长一级的官员治病的高级医院。1936年中央医院来东南医学院招考实习医生，当时只录取了2名，就是朱仲丽和陈应谦同学。朱仲丽立即扛起行李，提着箱子到了南京中央医院报到，住在医院的女医生宿舍里。但是朱仲丽的目标是为红军当医生，所以朱仲丽在工作中密切关注时局的发展，了解党和红军的消息，准备在全部实习工作结束后，奔赴中国革命新的大本营——延安，把自己的一技之长贡献给党的事业。

艰苦卓绝的战斗青春

1937年底，朱仲丽开始动身去延安，一路上险象环生。她先到长沙八路军办事处，在徐特立的帮助下带着姐夫肖劲光的儿子肖永定坐火车去延安。

在经过郑州的时候，日军飞机开始轰炸，火车被迫停止前行，朱仲丽赶快带着肖永定下车，穿着高跟鞋的她一路狂跑躲避轰炸。1938年初，历经坎坷、九死一生的朱仲丽终于到达延安，完成了父亲希望她“带着有用的医术，投入革命的熔炉，为革命尽力”的遗愿。刚到延安，朱仲丽就得到了毛主席的接见，毛主席鼓励她当一个人民的好医生，当一个有无产阶级作风的医务人员，要有一颗救死扶伤的心，要用马列主义理论武装头脑。朱仲丽被分配到陕甘宁边区医院任外科医师，与白求恩、马海德、柯棣华等国际主义战士一道工作。她积极要求进步，很快就加入了中国共产党。

图4 王稼祥与朱仲丽在延安

1939年年初，朱仲丽与王稼祥结婚，同年在中央党校学习，后担任边区医院门诊部主任。这时的延安生活条件非常艰苦，医院缺医少药，还不时有日军的飞机轰炸，朱仲丽克服各种困难，挽救过许多危重患者，延安的同志们都亲切地称她为“我们的朱医生”。为了给边区增加收入，她还倡议并带领女同志们把边区出产的毛线编织成毛衣，运到西安和附近地区换购物资，1个月她能赶织出4件毛衣。后来，朱仲丽担任中央机关医务所所长、毛主席和中央首长的保健医生兼延安中国女子大学医药卫生教员。1945年随王稼祥赴苏联。1946年回国，先到哈尔滨市铁路医院当内科大夫，后任哈尔滨市立第一医院院长。

为建设新中国奋斗不息

新中国成立后，王稼祥为外交部第一副部长，首任驻苏联特命全权大使，朱仲丽陪同他再次赴莫斯科，活跃在新中国外交舞台上，成为新中国成立后最早进入外交界的女同志之一。她跟随王稼祥参加俄国十月革命爆发32周年庆典，在外交场合，她作为大使夫人，时时注意、处处小心、彬彬有礼，服装、风度、表情都恰到好处，很好展现了新中国大使夫人的外交礼仪形象。1949年12月，朱仲丽见证了毛泽东主席、周恩来总理出访苏联期间的重要外交活动和生活细节。

在忙于外交工作的同时，朱仲丽还到莫斯科医科大学进修班进修1年多时间，参观了莫斯科市的防疫站、急救站、妇女儿童咨询所、托儿所、产院、儿童疗养所、市卫生局、区卫生所等各类卫生保健机构，学到了许多社会主义制度下的医疗保健知识。

图5　1950年朱仲丽在莫斯科参观儿童疗养所

1951年回国后，朱仲丽先后担任卫生部妇幼保健处处长，北京苏联红十字医院（即今天的友谊医院）中方院长。她在北京苏联红十字医院院长

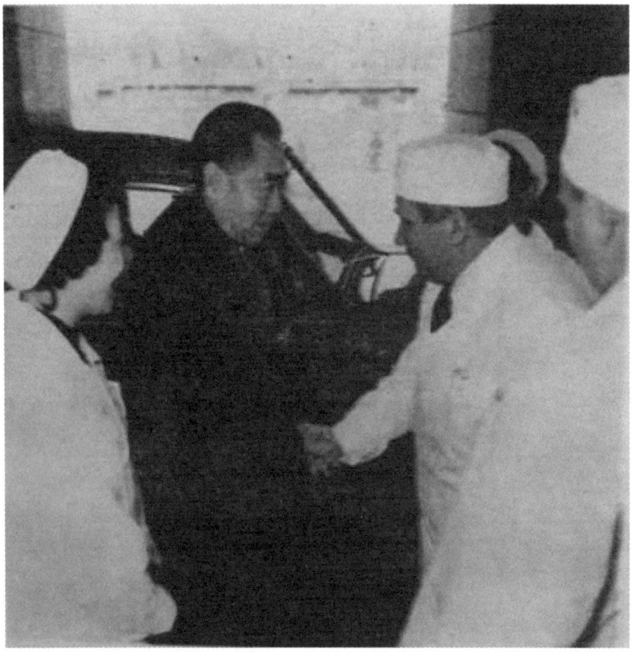

图6　1960年朱仲丽陪同周恩来总理接见北京苏联红十字医院的苏联顾问

岗位上的10年，兢兢业业，在管理上采用当时的苏联经验，制定了包括院规、各科职责、医护人员职责等一系列制度，把从苏联学到的知识运用到实际工作中，号召医护人员学习苏联专家敬业爱岗、关心和爱护病人的精神，将北京苏联红十字医院办得风生水起，多次受到卫生部和北京市领导人彭真、刘仁等同志的表扬。

同时，作为一名医生，朱仲丽每天都抽出时间阅读出院病人的病历，平均达30份，甚至40份。她在各种场合，都呼吁各行各业做好卫生防疫和医疗保健工作。任职期间，她还建立了地段医疗网，参与居民区的卫生保健，不时和医院大夫上街巡诊，深入郊区建立简易病床，培训青年骨干医务人员，解决农民的看病问题。每年组织医院为北京市和全国培训大批医务人员，为我国的医疗卫生事业作出了巨大贡献。

笔耕不辍，描绘绚丽的晚霞

1974年，王稼祥因心脏病猝发而逝。在丈夫离世后，朱仲丽孤身一人，为了排解心中的苦闷，她开始练钢琴、织毛衣、下围棋，朱仲丽每天都会弹钢琴以抒发自己心中的情怀。63岁时，她放下听诊器，拿起笔杆子，开始了文学创作，1982年加入中国作家协会。她30多年笔耕不辍，出版了16部作品，如《疾风知劲草：毛泽东与王稼祥》《我知道的毛主席》《王稼祥夫人朱仲丽自传三部曲》……这些作品都是记录她当年投身革命的一些事情，真实生动、栩栩如生地再现了党的领导人的形象和他们的日常生活。这些作品加起来总共有500多万字，朱仲丽用这种方式来缅怀自己的丈夫，回忆自己投身革命的那些峥嵘岁月。

割舍不断浓浓校友情

2006年4月，时任安徽医科大学校长的张学军专程拜访92岁高龄的朱仲丽校友。朱仲丽热情接待了张校长一行，她说自1936年从东南医学院毕业70年后，第一次见到母校来人，心情非常激动。她仔细翻阅了母校简介和招生简章，听着张校长介绍的母校情况，不时发出满意的笑声和称赞声。她关心安徽省的医疗卫生保健事业的发展，关心对艾滋病等疾病的防治，关心母校学生的就业情况，强调要抓好医德教育。她关切地询问学校党员情况，强调加强党的建设和思想政治工作是好传统，不能丢。

2012年10月2日，年近98岁的革命老人朱仲丽，在时任省委副秘书长沈干等人陪同下来到她70多年前毕业的母校访问。座谈中朱仲丽深情回忆了她在东南医学院学习和生活的美好时光，对母校发展取得的成绩感到由衷的高兴和欣慰。

图7　朱仲丽翻阅学校招生简章

2014年2月8日，朱仲丽同志因病医治无效，在北京逝世，享年100岁。

纵观朱仲丽的一生，是传奇的一生，是为党和新中国战斗的一生，是全心全意为人民服务的一生。她15岁起追随父辈从事地下工作，17岁加入中国共产主义青年团，23岁加入中国共产党，后历经千辛万苦到革命圣地延安工作。她是延安时代第一个科班出身的女医生，是中华人民共和国第一任驻苏大使夫人，是年过60而成为女作家的第一人。她是中国共产党领导下的第一个城市医院的院长，是中华人民共和国成立后，第一座与外国合办的友谊医院的中方院长。她后半生开始文学创作，用30多年的时间，写下500多万字的作品，形象地展示了中国共产党的奋斗史，给后人留下了一笔宝贵的精神财富。

图8　2012年10月朱仲丽校友返校座谈

朱仲丽校友为党的事业忠诚奋斗了近80年，始终关心党和国家的命运，多次讲到要加强党史教育，让红色精神代代相传。我们应该铭记朱仲丽校友为党奋斗一生的光辉事迹，传承和发扬红色奋斗精神，唱响爱党爱国的主旋律，明理、增信、崇德、力行，奋力起航新征程。

（作者：李　涛）

马丁：革命风骨　信念永固

图1　马丁（原名马洪英）

马丁（1913—2012），原名马洪英，四川省忠县人，上海东南医学院第十一届毕业生。1937年考入南京中央医院实习，同年12月参加革命工作，1938年加入中国共产党。历任陕北公学指导员兼医务主任、华北联合大学卫生处副处长兼医务主任，晋察冀边区中央局卫生队副队长、队长，晋察冀军区卫生部医政处处长，华北军区卫生部医政处处长。新中国成立后，先后任华北军区陆军总医院院长、北京军区总医院院长，北京军区后勤部卫生部副部长、部长。1960年晋升大校军衔。马丁一生为抗战救护和新中国军队系统医疗卫生事业作出了卓越贡献。

出身天府

马丁，原名马洪英，出生于四川忠县石宝乡坪山坝（今重庆忠县石宝寨），家住川东长江边，门前就是河滩，眼前就是长江。马家家境富裕，在石宝寨有半条街的商铺，在长江有船运队。其伯父马子尊和叔叔马德尊、马仁庵均留学日本，参加过同盟会和辛亥革命。马洪英是家中长子，下面还有三个弟弟、两个妹妹。

1930年，马洪英随在国民党部队任职的四叔离家到驻地南昌，就读于南昌第一中学，在校期间马洪英努力学习。按照父亲的意愿，1931年马洪英以高中毕业同等学力考入上海东南医学院。

求学沪上

据《上海私立东南医学院一览》，学校自民国二十年（1931）废止预科，改办新制六年制（修业五年，实习一年），马洪英是新制实施后招收的第一届学生，和史敏言、伍常是同届同学。入学后，因为家庭条件较好，马洪英没有住在学校宿舍，而是在校外租房单独居住。

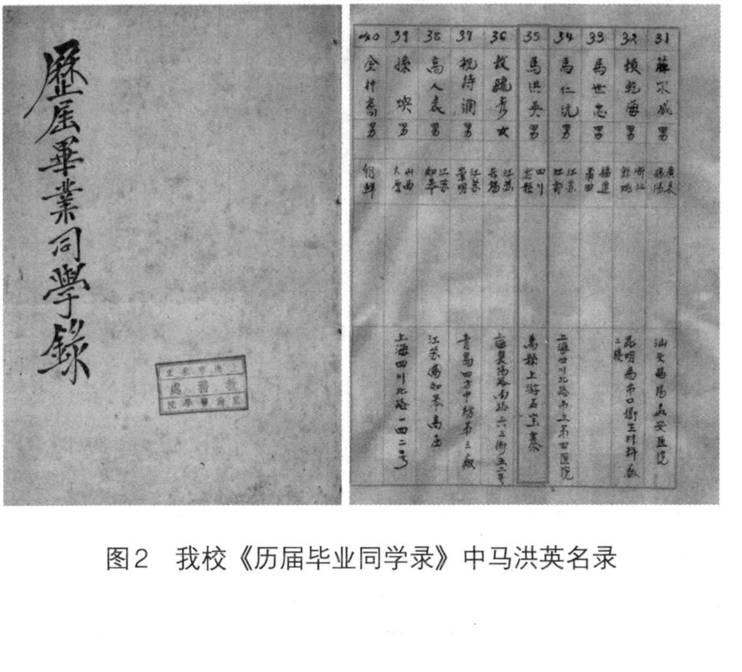

图2　我校《历届毕业同学录》中马洪英名录

入校后不久，九一八事变爆发，全国人民反对国民政府的不抵抗政策，北平、上海、南京、广州、武汉等地的学生、工人和市民纷纷游行示威，罢课罢工、发表通电，强烈要求抗日。10天后，上海、南京的几千名学生前往南京国民政府和国民党中央党部请愿，敦促政府出兵抗日，并痛打了外交部部长王正廷。18岁的马洪英也参加了这一革命行动，并初次接触到中国共产党的抗日救国思想。

1933年，马洪英遇到化名刘开基的四川老乡。刘开基是当时上海几所高校学生运动工作的负责人，他积极做马洪英的工作，宣传共产党的思想。马洪英慢慢接触到党的思想、书籍，开始更多地参与党的活动和学生运动。

图3　东南医学院上海真如校址

为方便开展工作，马洪英把自己租的房子作为进步学生召开会议的联络点。当时李维汉的二女儿李曦在上海饶漱石处守机关，是地下工作联络员。马洪英在学生运动中认识了李曦并与其成为好友，也越发靠近中国共产党。

1935年一二·九运动后，抗日救亡风暴迅速影响全国。此时的马洪英已经是东南医学院学生运动领导人之一，他率领同学们走出校门，到市区游行示威，抗议蒋介石的不抵抗政策，还率队到南京向国民政府请愿。队伍在南京游行、抗议时遭到军警镇压，游行队伍被冲散，很多人被抓捕，马洪英躲到了附近的姑姑家，因为其姑父是国民党教育部次长，他才逃过一劫。

在这次抓捕中，马洪英与刘开基、李曦失去了联系。后来马洪英按刘开基说过的地点到共产党在南京的办事处找到李克农，但因为没有学生运动的介绍信，马洪英没能去成延安。李克农告诉他，你是学医的，回到学校也可以参加抗日救亡工作，等拿到介绍信了再来找我们。

南京实习

1937年7月，马洪英考入南京中央医院实习，和他一起入院实习的还有其同学史敏言。因为成绩优秀、业务能力突出，马洪英很受院长沈克非的欣赏。卢沟桥事变后，抗日战争全面爆发，敌机不断进入南京市区，中央医院大量收治抗日受伤将士。10月，沈克非院长奉命将医院西撤经武汉至长沙，马洪英随中央医院撤离南京。12月13日，南京失陷。

图4　1935年位于南京中山东路黄埔路口的中央医院

撤离途中，马洪英和史敏言等东南医学院的同学一边为躺在轮船上的受伤将士换药清创，一边向他们宣传抗日、保家卫国、不畏牺牲的思想，鼓励他们在伤愈后重上前线。在长沙，马洪英和同学们在伤员中开展抗日救亡的宣传工作，得到了八路军长沙办事处的支持与帮助。

在了解马洪英想去延安的想法和在校期间参加爱国学生运动的经历后，长沙党组织决定发展其入党，马洪英完成了入党系列程序。这时国民党特务也注意到了马洪英，准备对其实施抓捕。党组织得到消息后，通知其紧急撤离长沙，当时军警已将医院重重包围，马洪英躲在沈克非院长车子的后备厢才逃出去。

奔赴延安

离开长沙后，马洪英拿着组织介绍信到武汉八路军办事处找到了周恩来。在武汉停留期间，要去延安寻找抗日救亡道路和抗日救国真理的学生越

图5　革命青年奔赴延安

来越多，于是党组织安排马洪英带着一批学生，由武汉八路军办事处介绍到西安八路军办事处，去往延安。当时东南医学院和马洪英一样去了延安的同学还有朱仲丽、陈应谦、任国祥等人。

辗转万里，马洪英历经艰险到达了延安，党组织安排他到陕西旬邑县陕北公学工作，校长成仿吾安排其做学生队指导员、学校医务主任。但从长沙经武汉、西安到延安，一路辗转，马洪英的组织关系在层层转接的过程中断线，1938年年初，由成仿吾介绍，马洪英在延安再次入党。

因为两个叔叔都是国民党军官，堂兄弟等都在国民党有关部门供职，马洪英加入中国共产党的事情被家里知道后，为避免家人受牵连，马父在重庆登报声明与其断绝父子关系。马洪英由此改名马丁，取“兵丁”之意。

在延安，马丁和同为四川老乡的傅崇碧和田家英走得近，三人关系十分交好，傅、田二人经常找马丁蹭饭。马丁的夫人杨远和傅崇碧的夫人黎虹也是一同去延安的同乡同学。

图6　1937年11月1日延安陕北公学开学典礼

图7　2009年马丁和夫人杨远获抗战胜利60周年纪念勋章

1939年陕北公学与延安鲁迅艺术学院、延安工人学校、安吴堡战时青年训练班四校合并为华北联合大学后，马丁任学校卫生处副处长、党支部书记兼医务主任、卫生所所长。除了承担学校医疗任务、给群众看病，马丁还要为护士、卫生员授课培训，后来护士大多被培养成了医生，卫生员大多被培养成了护士。

为响应毛泽东同志“普遍地深入地研究马克思列宁主义的理论”的号召，中央在延安成立马克思列宁学院，1941年年底马丁被安排到学院马列主义研究小组做理论研究。一次偶然的机会，组织上查档案才知道他是医学生毕业，便安排他为萧克治病，加之当时后方医疗工作繁重，医学人才紧缺，傅连暲便把马丁调到了卫生系统，安排他到中共中央北方分局与中共北岳区党委合办的卫生队任副队长、队长。

1942年5月1日起，日伪军出动5万余人对冀中抗日根据地进行“扫荡”，史称“五一大扫荡”。马丁带领的包括伤员、医务人员在内几百人的队伍在突围后只剩下十几人，跟了马丁很多年的马也在突围中摔死。

参与边区卫生工作

1943年年底经傅连暲推荐，马丁被调到晋察冀军区卫生部担任第一任医政处处长。当时晋察冀军区卫生医疗系统以军区卫生部为主要领导机关，各二级军区及其下属军分区也设有卫生部，建有后方医院、休养所和卫生队。军区卫生部对整体卫生工作进行指导，各地的群众医疗卫生工作也由军区卫生医疗机关承担，战场救护加上人民群众医疗工作十分繁重。马丁尽职尽责、救死扶伤，深受伤病员的爱戴和领导的器重。在组建边区卫生学校等工作中，马丁经常与马海德打交道。

图8　华北军区后勤卫生部副科长以上干部合影（前排左1为马丁）

1947年3月，中共中央主动撤离延安，决定以书记处书记刘少奇、朱德以及一部分中央委员组成中央工作委员会，到华北进行中央委托的工作。马丁随中央工作委员会辗转华北。1948年晋察冀与晋冀鲁豫军区合并为华北军区，马丁担任军区卫生部医政处处长。当时华北军区各部门的正职负责全国、全军范围内的调动工作，副职负责华北地区相关工作。马丁先后参加了解放北平（今北京）、天津、张家口地区的医疗救护工作。

接管国民党陆军总医院

中國人民解放軍平津前綫司令部 佈告

此佈

司令員 林彪
政治委員 羅榮桓

中華民國三十七年十二月二十二日

图9 《约法八章》
（图片来源：中国国家博物馆）

1949年1月31日北平和平解放后，马丁随中央领导进入北平。为和平接管北平，中央成立了中国人民解放军北平市军事管制委员会，叶剑英为主任，马丁也是成员之一。此时马丁任职于军事管制委员会下设的物资接管委员会的卫生接管部。

按照安排，国民党陆军总医院由华北军区卫生部负责接管，时任院长刘经邦正好是原来马丁在南京中央医院实习时的内科主治医师。当时人民解放军平津前线司令部发布《约法八章》布告，规定了保护各城市人民的生命财产，保护民族工商业，没收官僚资本，保护学校、医院、文化教育机关、体育场所及其他一切公共建筑等接管城市的各项政策。医院被接管后，刘经邦不愿去上班，因为医院太大，当时负责接管的工作人员不是学医出身，便向殷希彭求助，殷让马丁兼任医院院长。这一时期，马丁拥有华北军区卫生部医政处处长、陆军总医院院长和军事管制委员会成员三重身份。

由于行政管理经验丰富，专业知识渊博，对接管政策把握恰当，马丁让接管初期的医院很快稳定下来，医院里留下来的日本和国民党医务人员对他都很信服。在马丁的管理下，医院很快重新投入使用，并大量收治伤员。之后医院先后更名华北军区后勤部卫生部北平陆军医院、北京军区总医院，马丁皆任医院院长。

1949年由马丁组织撰写、华北军区后勤部卫生部主编的《军医提挈》一书（即后来的《军队临床操作常规》）出版，成为全军第一部医疗技术操作常规，对全军医疗卫生事业正规化建设起到了划时代的作用。

图10　《军医提挈》

1955年，马丁获上校军衔，荣获中国人民抗战胜利一级独立自由勋章、中国人民解放胜利二级解放勋章。1960年晋升为大校。1959年秋，马丁离开医院，任北京军区后勤部卫生部副部长，后任北京军区后勤部卫生部部长。1983年以副军职离休。

离休时，考虑到待遇问题，家人曾提出向组织申请重新审查确定入党时间的想法，马丁坚决不同意，他说：我参加革命不是为了级别和待遇，革命战争时期看过多少人牺牲，我能活到今天已经比他们好太多了。

图11　1951年任华北军区总医院院长的马丁

图12　马丁工作日记

图13　1958年马丁（右5）与到北京军区总医院进行技术帮带的苏联专家在一起

图14　1990年晋察冀、华北军区、北京军区历任卫生部部长、副部长合影（前排右3为钱信忠，右2为叶青山，左2为马丁，左3为张杰）

据马丁长子马新平回忆，父亲为人清廉正直，对子女要求严格，对六个孩子上学、参军、工作调动概不过问，全靠他们自己努力。

因为家庭出身和社会关系复杂，马丁的职务升迁也多受影响，有过很多次提拔机会，皆由于家庭出身等未能任用，但他并不在乎这些。

图15　2003年马丁（前排中间）90岁生日

马新平曾经问过父亲，他原本是旧时地主家庭的大少爷，为什么会选择参加革命。马丁说当年在上海上学时，一次他去公园，看到公园门口牌子上写着“华人与狗不得入内”，返回住处的路上又看到几个要饭的中国人被当时的巡捕和外国人当街殴打得很惨。马丁说这件事对他影响很大，也是最早促使他参加革命的原因之一。

2010年，受国务院台湾事务办公室和上海市政府邀请，马丁到上海参观世博会。其间他在上海寻找母校东南医学院真如旧址，无果，便到他当年曾经去过的其他地方走了一遍。

2012年，马丁临终前在医院住院时，对长子马新平说，他很感谢母校对他的教育，他没有辜负母校给予他的学识和对他作为一名医务工作者应有的品质要求。

图16　2010年，马丁在上海吴淞炮台

据《安徽医科大学校史》记载，抗战时期奔赴延安参加革命的学子姓名可查的有朱仲丽、陈应谦、任国祥和马洪英等人。我们在着手撰写马洪英的事迹时，除了从毕业生名册和史敏言的个人经历中能看到马洪英的身影，再无资料可查。直到在忠州新闻网的一篇文章中发现他后来改名马丁，我们辗转找到忠县县志办公室、陆军总医院院史办公室，再联系到马丁长子马新平，才了解到东南医学院“延安四杰”之一——马丁参加革命的事迹。特此致谢：马新平、陆军总医院院史办公室、忠县县志办公室、陈建平。

（作者：洪　瑶）

陈应谦：矢志不渝　为国为民

图1　陈应谦
（图片来源：中国医科大学档案馆）

陈应谦（1912—2006），江苏吴江黎里人，我校1936届校友，著名医学教授。1932年至1936年就读于东南医学院，毕业后在南京中央医院工作。抗日战争爆发后，他奔赴革命圣地延安，由李克农同志介绍到中国医科大学，先后任教员、教育长、附属医院院长、副校长。1942年加入中国共产党。1953年到1959年任人民卫生出版社副社长兼总编辑。1959年到1962年下放到内蒙古。1962年至1980年任宁夏大学副校长，宁夏医学院院长兼党委副书记。1980年到1984年任北京第二医学院（现首都医科大学）院长、党委副书记。1987年离休后担任中国红十字会东方老年服务中心理事长。1991年起享受国务院颁发的政府特殊津贴。他从抗日战争、解放战争到新中国成立之后为国家培养了大批医务人员，是中央首长的医疗保健医生之一，曾为毛泽东、刘少奇、叶剑英、陈云、王稼祥、邓颖超、贺龙等许多党和国家领导人诊治过，为我党的高等医学教育和医疗卫生事业作出了卓越贡献。

求学东南

1912年，陈应谦出生于江苏省吴江县的黎里镇，其祖辈开设了镇上第一个中药铺“陈同春”。1926年，陈应谦随父亲到盛泽镇开办寿康中药店，并拜名医为师，每天随诊抄录方剂。1927年，母亲病故，陈应谦到上海求学。1932年，考入东南医学院。

图2　陈应谦（中）和傅尧（左）、李彭麟（右）在东南医学院真如院区内合影

陈应谦入学不久，即遇九一八事变，他积极参加了东南医学院和邻近的暨南大学所发起的爱国学生运动。上学期间，陈应谦爱看进步小说和电影，如郭沫若、鲁迅、成仿吾、郁达夫、邹韬奋等人的著作，以及《渔光曲》《大路》和《雷雨》等影剧。学校政治老师也经常宣传中国共产党英勇抗日的事迹和介绍江西瑞金的情况，讲述毛泽东、朱德的故事，陈应谦总是听得津津

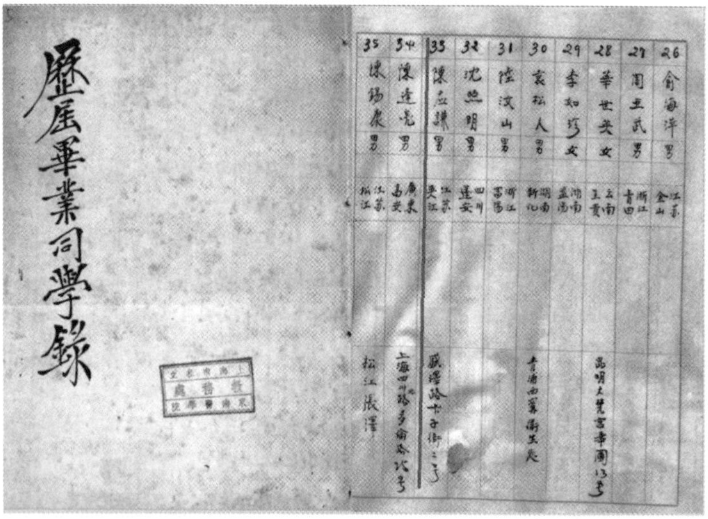

图3　我校《历届毕业同学录》中陈应谦名录

有味，更加坚定中国共产党救中国的信心。1936年，陈应谦从东南医学院毕业，考入南京中央医院做实习大夫，该院是按照北平协和医院的模式新建成的国家大医院，有300多张病床，设备齐全先进，也是国立中央大学医学院的教学医院，在这里学习和工作，陈应谦业务能力进步很快。

奔赴延安

1937年，卢沟桥事变后日本发动全面侵华战争，陈应谦随南京中央医院几位高级大夫奔赴前线，先在河南信阳伤兵医院工作，后参加了宋庆龄募款组织的医疗防疫队，为难民免费防疫、治病。陈应谦在抗日大后方，目睹了国难当头国民党消极抗战、贪污腐败、伤兵难民无人医治等情况，他痛感个人能力有限，向往参加革命。

1939年8月，由李亭植医生（历任第三军医大学校长、哈尔滨医科大学校长、湖南医学院院长、中国医科大学校长）介绍，陈应谦到桂林八路军办事处报到，在李克农的帮助下，与李亭植等人经柳州、独山、贵阳，再经遵义到重庆，出成都到宝鸡，经咸阳到西安，终于在1939年12月20日到达革命圣地延安。

随后，陈应谦被分配到延安南面200里的八路军卫生学校工作。这所卫生学校的前身是中国工农红军卫生学校，1931年11月创建于江西中央苏区，1932年更名为中国工农红军卫生学校，随同中央红军进行了万里长征，在战争中诞生，在艰苦卓绝的浴血奋战中成长，办学方针即培养政治坚定、技术优良的红色卫生干部。1937年8月，红军改编为八路军后，学校改名为八路军卫生学校。1940年9月，经毛泽东提议，学校正式更名为中国医科大学。1941年，毛泽东为红军卫校第十四期学员，也就是更名为中国医科大学后的第一期毕业生题词“救死扶伤，实行革命的人道主义”，并为建校十周年展览会题词“办得很好”。

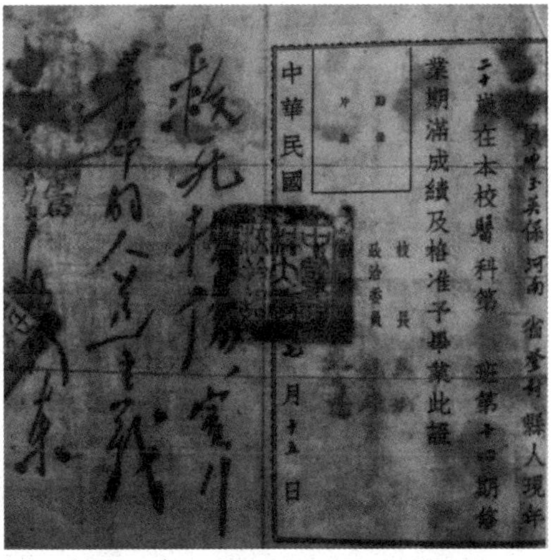

图4　毛泽东为第十四期学员题词“救死扶伤，实行革命的人道主义”
（被印在学员的毕业证书上）

图5　朱德为中国医科大学第十六期学员作形势报告（右1戴眼镜者为陈应谦）

在延安时，中国医科大学的条件很差，缺乏必要的教学用具，在时任校长王斌的领导下，陈应谦克服困难积极开展工作，建立了病理实验室、药理实验室和临床检验室，开展了眼科手术、眼底检查、尸体解剖、病理检验以及病理标本收集等工作。他变卖自己的财物购置教学实物，自己动手编写教材，使中国医科大学的教学工作逐步走上正轨。1942年3月，陈应谦加入中国共产党。

图6　延安时期陈应谦在上病理课

转战东北

1945年陈应谦随校北上，担任教务处处长，先到达张家口，后到齐齐哈尔市。1946年7月，延安中国医科大学迁至东北合江省兴山市，同时接管了伪满陆军军医大学、东北大学医学院、哈尔滨军医学校等，陈应谦先后任总校教育长和附属医院院长、中国医科大学第三分校（安东）第二校长。1949年9月，任中国医科大学（沈阳）附属医院院长和辽宁医科大学副校长。这个时期的中国医科大学培养了上千名医务卫生干部，支援了人民解放军，为新中国成立初的恢复接管工作创造了条件。

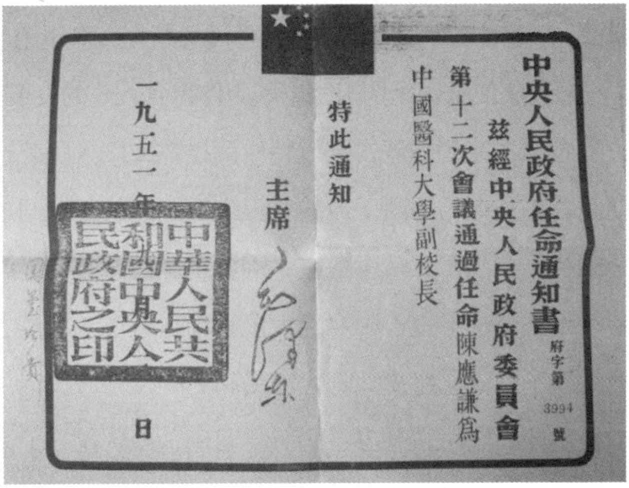
中央人民政府任命通知書　府字第3994號
茲經中央人民政府委員會
第十二次會議通過任命陳應謙為
中國醫科大學副校長
特此通知
主席
中華人民共和國中央人民政府之印
一九五一年　日

图7　1951年毛泽东主席签发的陈应谦为中国医科大学副校长任命书

抗美援朝时期，美国在朝鲜发动细菌战，对朝鲜北部和我国边境投掷细菌炸弹。1952年5月，中国医科大学奉命建立反细菌战的专家组，陈应谦兼任组长，一方面组织群众进行细菌战的防疫工作，一方面组织相关专家和技术人员实地勘察，收集人证物证，为中国政府在联合国大会控诉美帝国主义细菌战罪行提供了资料。第二届全国卫生工作会议时，卫生部发给中国医科大学和反细菌战专家组一面锦旗，锦旗由毛主席题词：“动员起来，讲究卫生，减少疾病，提高健康水平，粉碎敌人的细菌战争。”陈应谦作为专家组代表上台光荣地接受了这面锦旗。后来，“动员起来，讲究卫生，减少疾病，提高健康水平”成为卫生部门群众卫生运动的旗帜，接着又成立了全国爱国卫生运动委员会，这就是全国卫生运动的由来。

由北京到内蒙古、宁夏再返京

1953年4月，陈应谦调往北京工作，1953年至1958年任人民卫生出版社副社长兼总编辑。他在3年内建立健全了各种规章制度，编辑出版了大量中西医药教材和医药书刊，使全国医药卫生出版工作得到较快的发展。

1959年，陈应谦下放到内蒙古土默特旗萨拉齐太阳人民公社五圣公大队劳动。在此期间，陈应谦与同时下放的原卫生部副部长王斌同志，在五圣公大队建立了全旗第一个生产大队医务室，治愈了一批患有传染病、地方病和急诊病的患者，五圣公医务室一时名声大振，周边盟市、旗县农村患者慕名前往，求医者络绎不绝。同年夏，陈应谦受聘于萨拉齐城关卫生院，开展内科门诊，任内科主任。同时，开办了医务学习班，为萨拉齐卫生院和土默特旗医院、各人民公社卫生院培养了一批医疗卫生骨干，这些医务人员成为这个时期当地医院的主治医生，有的后来还成了专家。1961年，受乌兰夫同志之邀，陈应谦与同时下放的王斌、魏鉴明成立了内蒙古全区卫生干部教育组，陈应谦任组长，在全区各旗县巡回讲课，他采用边讲边做的实践教学法，为内蒙古培养了一批从事医疗卫生工作的技术骨干。

1962年，陈应谦任宁夏大学副校长、宁夏医学院院长兼党委副书记。1973年至1977年任宁夏医学院革委会副主任。1978年至1980年6月任宁夏医学院院长、党委副书记。在宁夏工作的近20年里，他注重医疗与教学质量的提高，为宁夏卫生事业的发展培养了大批人才。

1980年7月，国家全面落实知识分子政策，陈应谦奉调回到北京，任北京第二医学院（现首都医科大学）院长、党委副书记，直到1984年离职休养。在北京第二医学院工作期间，他认真负责、勤恳敬业、狠抓教学、严抓科研，使北京第二医学院学生在国家医学生统考中获得了全国三连冠的优异成绩，培养出的优秀学生遍布我国卫生行业的重要岗位。离休后，他依然十分关心学校的改革、建设和发展工作，主动参加学校建设发展座谈会，提出很多好的建议。他还积极参加社会活动，撰写回忆文章，担任中国红十字会东方老年服务中心理事长，编写出版了《养生之道》《走向卓越》等著作。

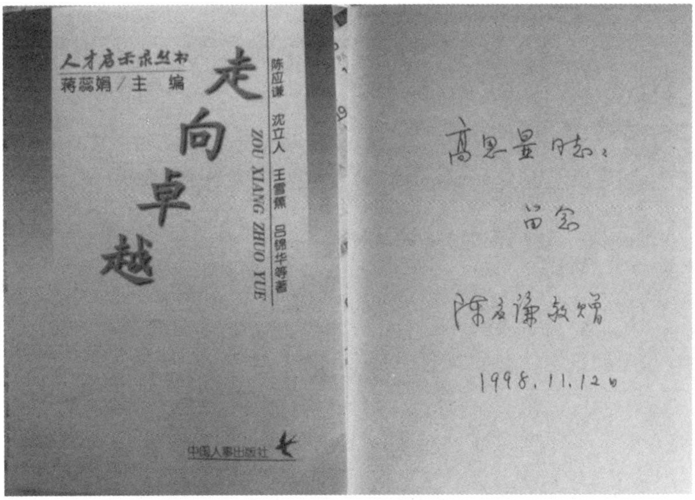

图8　1998年陈应谦教授所著《走向卓越》一书

2006年我校80周年校庆之际，时任校长张学军、副校长李俊一行专程登门拜访陈应谦校友。陈老见到母校来人十分激动，简要回顾了自己从东南医学院毕业后的经历，仔细询问了母校发展情况，并赠送了珍贵的历史资料与照片，表达了一位老前辈对母校的挂念与深情。

图9　2006年时任校长张学军、副校长李俊一行拜访陈应谦校友

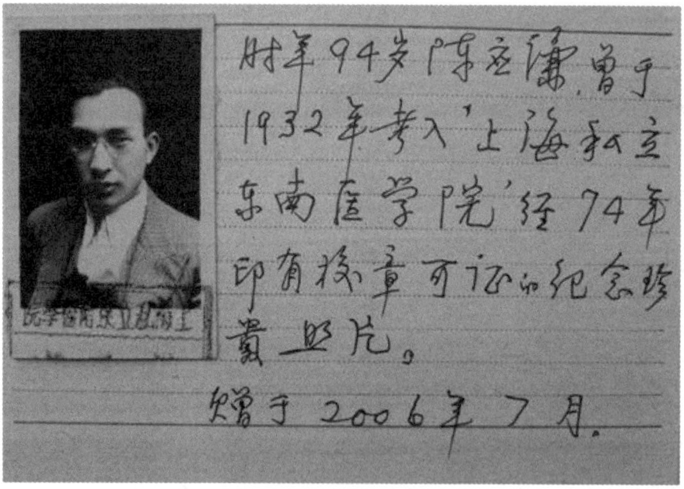

图10　陈应谦校友手书将在东南医学院求学照片捐赠母校

陈应谦校友是我国著名医学教育家，他精通英文、德文，长期从事医学教育领导工作，在我党的医疗卫生战线和医学教育领域中作出了杰出贡献，培养了大批医学专门人才。2006年12月8日，陈应谦在北京逝世，享年95岁。他的一生功勋卓著，为了人类的崇高理想，把自己的一切全部献给了中国人民的解放事业和社会主义建设事业，为祖国的医学发展和人民大众的健康作出了不可磨火的贡献。

（作者：张　芳）

任国祥：求实敬业　功勋卓著

图1　任国祥

（图片来源：中国医科大学档案馆）

任国祥（1910—1986），四川合江人，我校1934届校友，我国现代著名的医学教育家。1930年进入上海南洋医学院学习，1934年毕业于上海东南医学院。1933年参加革命，1938年10月加入中国共产党。1941—1945年任延安中国医科大学教员、医生，1945年随军转战东北，1946年任张家口市立医院院长，1947年任兴山中国医科大学附属医院副院长，1948年任中国医科大学龙井第一分校校长，1949年任中国医科大学内科学院院长，1953年至1980年任中国医科大学副校长、主任医师、名誉教授。在半个多世纪的坎坷磨砺中，任国祥始终不渝地追求进步，追求真理。他对党忠诚，以坚定的信念，求实敬业、富于创新的精神，为发展新中国的高等医学教育事业作出了重要贡献。

立志学医　投身革命

任国祥1910年9月29日出生于四川省合江县城。父亲任则荣是位医生，开药房兼看病，为人正直、医术精湛。任国祥是家中长子，8岁入县立小学，13岁就离家去60多公里远的泸州中学读书，其刻苦用功、品学兼优。1927年，任国祥考入成都医专学习，在此期间，他读了一些苏联和中国进步作家的文学书籍，这对他的思想起了不小的影响。1930年，任国祥考入上海南洋医学院。在成都和上海读书期间，任国祥亲眼看到洋人在中国土地上横行霸道，剥削欺凌中国人民，看到国民党军阀昏庸腐败，广大劳苦大众过着牛马不如的悲惨生活，心中逐渐萌发起革命的火焰。到了上海不久，他就和一些同学加入了中国共产党领导的群众性社会救济团体“互济会”，与同学、共产党员李裕德、朱慎忠三人组成互济会小组，一起学习马列主义，阅读进步书

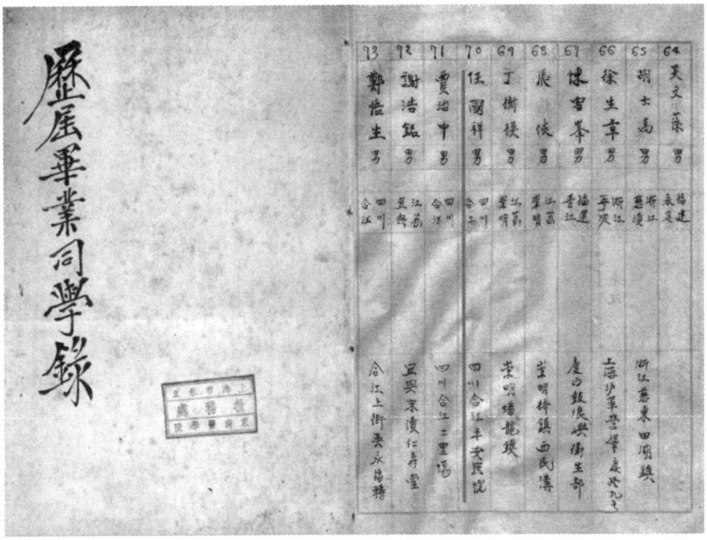

图2　我校《历届毕业同学录》中任国祥名录

刊，过组织生活，还经常在夜深人静的时候上街张贴革命标语。1930年12月11日，在地下党的领导下，广大工人、学生涌向上海南京路外滩集会，纪念1927年由张太雷、叶挺、叶剑英等领导的广州起义。任国祥参加了这次活动，被打伤后被捕入狱。1931年9月，因查无实据，任国祥被释放出狱，出狱后其在上海东南医学院学习。

1932年1月28日夜，日本军国主义在上海挑起了侵略战争，向上海闸北一带发起进攻，当地驻军奋力自卫，开始了“淞沪抗战”。东南医学院也遭到了日军的狂轰滥炸，被洗劫一空，损伤惨重。在中国共产党的组织下，上海各界群众踊跃参加抗日义勇军、运输队、救护队，支援前线。东南医学院师生在校长郭琦元、医务长汤蠡舟的带领下，积极参加战地救护活动。任国祥也参加了救护队，到抗日前线抢救伤员。有一次，任国祥随救护车到前线抢

图3　我校1932年“一·二八”事变中受损的校舍照片

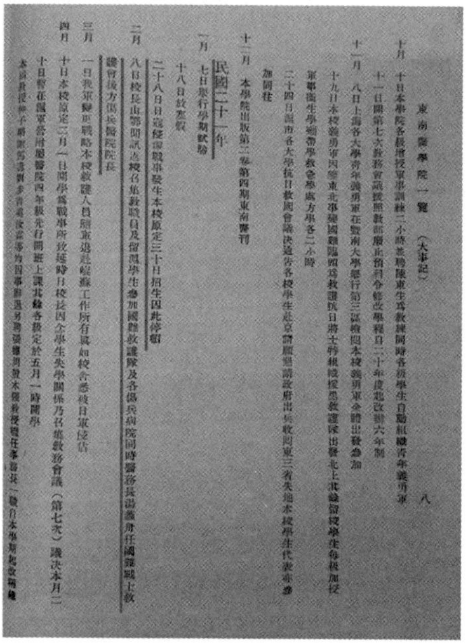

東南醫學院一覽（大事記）　八

十月　十日本學院各級增授軍事訓練二小時並聘陳東生為教練同時各級學生自動組織青年義勇軍

十一日開第七次教務會議按照教部廢止預科令修改學程自二十年度起改為六年制

十一月　八日上海各大學青年義勇軍在暨南大學舉行第三區檢閱本校義勇軍全體出發參加

十九日本校義勇軍因鑒東北事變國難臨頭為救護抗日將士特組織探傷救護隊出發北上其餘留校學生每級加授軍事衛生學並帶學救急療方學各二小時

二十四日滬市各大學抗日救國會議決通告各校學生赴京請願懇請政府出兵收回東三省失地本校學生代表亦參加同往

十二月　本學院出版第二卷第四期東南醫刊

民國二十一年

一月　七日舉行學期試驗

十八日放寒假

二十八日日寇侵滬戰事發生本校原定三十日招生因此停頓

二月　八日校長由鄂聞訊返校召集教職員及留滬學生參加國難救護隊及各傷兵病院同時醫務長湯蠡舟任國難戰士救護會後方傷兵醫院院長

三月　一日我軍變更戰略本校教職人員隨軍退赴崑蘇工作所有真如校舍悉被日軍佔據

四月　十日本校原定二月一日開學為戰事所致延時日校長因念學生失學關係乃召集教務會議（第七次）議決本月二十日暫在滬軍營用處醫院四年級先行開班上課其餘各級定於五月一時開學

本屆教授[illegible]

图4　我校《东南医学院一览》中关于“一·二八”事变和国难救护队的记载

救伤员，路上又遭到了敌人飞机的轰炸扫射，任国祥头部受了重伤，昏迷不醒，被送到后方治疗，休养了1年之久，头上留下了一个大伤疤。

1934年8月，任国祥从东南医学院毕业。毕业后，其辗转合江安仁医院、重庆皮肤性病诊疗所、上海虹口产科医院、江苏常州元谟医院、靖江县县立医院当医生。1937年七七事变后，任国祥决心投身到抗日战争的前线，同年12月，他报名参加了南京中央医院战伤内外科训练班学习，后被分配到位于湖南湘乡国民党军医署的后方医院任内科医生，参加抗战救护工作。在这期间，他以中国共产党在国民党统治区公开发行的《新华日报》为依据，用墙报、标语等形式积极进行抗日宣传，并时常参加组织捐款、救济难民等活动。1938年，党组织全面考察了任国祥的历史和经历后，由小学教员、共产党员胡开骏介绍，任国祥加入了中国共产党。1938年，任国祥一度到武昌国民党军官训练团医务所当医生，在此期间曾见到周恩来、郭沫若等中共领导人，聆听了周恩来的演讲，周恩来阐述了毛泽东“抗日战争是持久的，最后胜利属于中国”的思想，使任国祥进一步坚定了抗战必胜的信念。1941年，历经艰辛，任国祥在重庆八路军办事处办妥了去延安的一切手续，周恩来、董必武招待任国祥一起吃饭，他们亲切地鼓励他到延安后好好工作，周恩来亲自送任国祥全家离开了重庆。

抵达延安积极工作

1941年9月，任国祥与爱人熊润华和出生刚一个多月的儿子任青，经过长途跋涉到了延安。中央组织部部长陈云热情接待了他，并在征求其意见后安排他到中国医科大学工作。中国医科大学校长王斌亲自把他一家接到了学校，任国祥同时把随身带的一些医疗器械和医学书籍全部捐献给了学校。从此，任国祥和中国医科大学结下了不解之缘。中国医科大学前身是中国工农红军卫生学校，随中央红军进行过长征，1940年学校迁到延安东门外的柳树店。学校安排任国祥担任病理学和内科学的教学工作，还指定任国祥给贺龙、徐向前两位领导当保健医生。在延安，毛泽东、朱德、周恩来、叶剑英等领导的报告，任国祥都迫不及待地去听，总是步行二三十里，蹚过延河提前赶到会场，老一辈无产阶级革命家的亲切关怀和谆谆教导给任国祥留下了深刻的印象。贺龙在中国医科大学附属医院养病时，好几次在晚饭后到任国祥开荒种地的园子聊天，关切地询问任国祥的家庭和工作情况，贺龙也讲他自己的经历，讲他对中国命运的看法，两个人成了朋友。徐向前言语不多，有胃病，但当时缺医少药，任国祥便根据德文药典为徐老配制了胃药，效果很好。

任国祥忠诚党的教育事业，严肃认真，一丝不苟，讲课清楚，板书工整，为了教好学员，他废寝忘食地工作。当时上课没有现成的教材，他就自己动手编写讲义，翻译著名医学家Boyd病理学和Cecil内科学18册，油印发

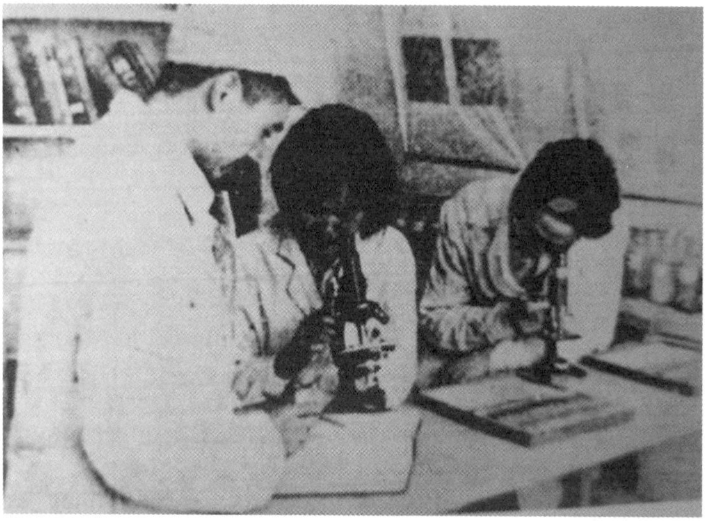

图5　延安时期任国祥指导中国医科大学学员看病理片

给学员。病理实验室只有1台显微镜，1套病理组织和寄生虫的镜片，还有一些病理解剖的大体标本，他就带领学员采取分组实习、轮流观看、化整为零的办法，让每个学员都能看到并看明白。他对自己要求十分严格，上课前一定做好充分准备，每天备课都要到晚上十一二点。除了教学外，任国祥还要抽出时间到病房诊疗内科病人，做一些校医工作。他待人接物彬彬有礼，大家对他都非常尊敬。

无论教学、医疗工作多忙，任国祥每天都要抽出两小时的时间参加生产劳动，积极响应党中央提出的搞好大生产的号召。在延安时期，任国祥常深入基层、深入群众，直接为工农兵服务。延安是一座革命的大熔炉，是一所锻炼和提高干部的大学校。1941年至1945年，任国祥在这里刻苦学习、勤奋工作、深入实际、自觉奉献，进步很快，在自己的岗位上作出了出色的成绩，1944年被选为模范教员。

求实创新　深耕教学

1945年11月，中国医科大学全体人员从延安出发，东渡黄河，于1946年1月抵达张家口。由于工作需要，任国祥调任张家口市立医院院长，并为徐向前、王稼祥、胡耀邦等几位中央领导做保健医生。1946年6月，上级派任国祥以保健医生身份护送王稼祥去苏联治伤，大约半年时间完成任务后，任国祥回到已迁往东北兴山的中国医科大学，并担任附属医院副院长。同年，东北西部发生鼠疫，中国医科大学附属医院派出部分医护人员和学员组成防疫大队，赶赴疫区发动群众扑灭疫源，开展治疗活动，有力地配合并支援了解放战争和土地改革的进行，受到政府和当地群众的赞扬。因此，任国祥也被选为模范院长。

图6　1946年兴山办学时期的中国医科大学附属医院

图7　1947年中国医科大学召开庆祝“八一五”光复两周年暨劳模大会

1948年1月，中国医科大学第一分校在吉林省龙井建立，以内科为主，任国祥担任第一分校校长。他遵照东北军区卫生部和总校校长王斌的指示，坚持以在短期内培养出“政治坚定，技术优良”的卫生干部的办学方针，实行专科重点制和形象教学法，学制缩短为1年。在龙井办学时期，任国祥不仅在教学上进行了重大改革，而且加强了对学员的政治思想教育。龙井第一分校在短短1年多时间里，培养了9期608名学员，大部分学员毕业后被分配到中国人民解放军各级卫生医疗院所或研究机构，有力地支援了解放战争，为迎接全国解放作出了重要贡献。1948年，任国祥被评为模范校长。

1949年1月，任国祥调回沈阳中国医科大学总校，任内科学院院长，主持全面工作。任国祥到任后，迅速恢复整顿医院秩序，从1949年1月开始，集中用3个月时间，组织全体教职员工进行政治学习，之后掀起建院劳动热潮，然后又开展了爱国主义工作竞赛运动，他提出了“为争取六个月无事故而奋斗”的号召。在教学上，任国祥大胆改革教学方法，实施启发式教学，很好地完成了第39、40、41期三期学生的临床教学任务。1950年，内科学院阿米巴痢疾流行，任国祥设计了一整套预防治疗方案，最后提出了一个简便易行的“大蒜疗法”，即每天吃蒜半至一头预防阿米巴痢疾，并采用蒜液灌肠防止阿米巴痢疾复发。不久，阿米巴痢疾在院内得到了控制。任国祥创造的这种大蒜疗法，深受群众的欢迎。时至今日，大蒜疗法已得到了我国医药界的认同。任国祥任内科学院院长的这段时间里，充分显示出他的领导才能和创新精神，由于工作努力、成绩卓著，其被评为模范院长。

1953年4月，毛泽东主席任命任国祥为中国医科大学副校长，主管教学和科研工作。他根据学校的要求，积极努力实施新校章，向苏联学习，以期办好新型正规化医科大学。同年6月，任国祥兼任学校医疗保护制推行委员会主任，在医疗工作和附属医院管理上学习苏联经验。任国祥带头学习俄文，组织教师翻译使用苏联医学教材。学校受国家卫生部委托，为全国高等医学院校医疗系制定了培养目标、教学计划及适合学生水平要求的教学大纲。1954年，学校制定、实行《中国医科大学生产实习条例》和《中国医科大学培养师资三年规划》。1955年5月，任国祥发表了《学习苏联医学教育，贯彻理论与实际一致的教学方法》的论文。

图8　20世纪50年代初沈阳中国医科大学校门

任国祥始终关心加强学生思想政治教育工作，他给毕业实习中的同学写了《清除资产阶级的腐朽思想，树立共产主义的道德品质》的文章，要求全校教职工把培养学生作为自己的责任，要以良好的工作作风和态度，做学生的榜样。组织教师深入学生班级、宿舍，辅导业务，促膝谈心，言传身教。在抗美援朝时，任国祥还参与了组织手术队、担架队等助力抗美援朝救护伤病员的工作，后又积极投入反细菌战的斗争。在这段时间里，任国祥和他的同学、战友陈应谦相继担任了中国医科大学的校领导，两位东南医学院的校友为中国医科大学的发展建设付出诸多心血，成就了一段佳话。

1956年9月1日，根据国务院关于医药院校调整的决定，中国医科大学改名为沈阳医学院。1957年3月21日，任国祥被选为学校学术会议副主席。1959年9月30日，学校再次成立公共卫生系，任国祥兼系主任。1960年9月20日，辽宁省人民委员会任命任国祥兼中国医学科学院辽宁分院劳动卫生研究所所长。

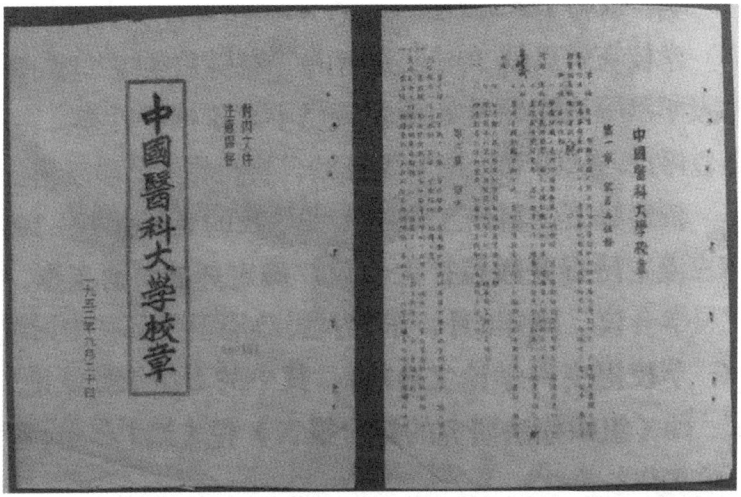
中國醫科大學校章
對內文件
注意保管
一九五二年九月二十日
中國醫科大學校章

图9　1952年《中国医科大学校章》

1961年9月，任国祥在医学专业创办外语（日语）医学班，他亲自主持制订了教学计划，该医学班由新入学的第52期学生中挑选36名学生组成，学制定为6年，除政治、体育外，基础、临床课程都采用日文教材，没有合适的教材就自己编写，培养了一批能够熟练掌握日语的高级医学人才。这项研究课题获得了辽宁省科学研究一等奖。

1961年9月，《中华人民共和国教育部直属高等学校暂行工作条例（草案）》颁布后，任国祥主持重新修订了在校各年级的教学计划，该教学计划全面安排教学、科研和生产劳动各方面工作，强调基础理论、基本知识的教学和基本技能的训练，强调要有严肃的态度、严格的要求和严密的方法（简称“三基三严”）。“三基三严”教学法成为奠定学校培养高素质医学人才的基石，学校各方面工作都取得新的成就。

风雨如晦　初心如磐

1976年10月，党中央一举粉碎“四人帮”之后，任国祥积极组织全校师生高质量地编好由本校主编和参加编写的14部教材。他出席了沈阳市科学大会，决心带领全校科技人员努力攀登医学科学的新高峰。他坚决拥护党的十一届三中全会以来的路线、方针和政策，在思想上和政治上与党中央保持高度一致。在此期间，任国祥不顾体弱有病，多次去北京找卫生部医学教育局局长朱潮，说明“中国医科大学”这个校名是毛主席在延安亲自提议而定名

图10　1978年3月1日沈阳医学院举行恢复中国医科大学校名大会

的，“沈阳医学院”是后改的，现在应该恢复过来。在北京的中国医科大学毕业生，如卫生部副部长郭子恒、中日友好医院辛育龄、军事医学科学院李冬以及中国医科大学老领导贺诚、王斌等都积极支持任国祥的意见。1978年3月1日，学校隆重举行了热烈庆祝毛主席、周总理视察学校28周年暨恢复中国医科大学校名大会。

1978年1月，中共沈阳市委任命任国祥为中国医科大学党委常委、副校长，他还兼任辽宁省政协委员、中华医学会辽宁省分会副会长、沈阳市科协副主席。1978年6月，中国医科大学学术委员会宣告成立，任国祥担任副主任委员。1980年5月9日，卫生部党组任命任国祥为中国医科大学顾问。1986年4月15日，任国祥病逝，终年76岁。

四十八载别离　心系母校

1982年，我校拟举办建校56周年庆典，校庆办公室辗转与任国祥校友取得联系，邀请他回校参加庆典并撰写革命回忆录。其时，任国祥校友刚做完手术，身体不佳，其儿子任青代笔回信，表达了任国祥校友对母校56周年校庆的祝贺，对不能来校致歉，向江顺村、史敏言、江晦鸣等老同学表示问候，并简要回忆了其革命生涯，还赠送了其在延安时期的照片和中国医科大学校史，一位毕业多年的学子对母校浓浓的思念之情溢于笔端。

任国祥校友具有坚强的无产阶级党性，维护党纪、严于律己，一向以一个普通共产党员的身份按时参加基层党支部的组织生活，按时交纳党费，按时汇报思想工作，到了晚年仍努力学习马列主义、毛泽东思想。他的一生，是革命的一生，是全心全意为人民服务、为共产主义事业奋斗的一生。他以坚定的信念，对党的忠诚，求实敬业、富于创新的精神，充分诠释了《东南医科大学创办宣言》中“以提倡激励及发挥吾中华民国国民学术上之真精神与真国民性之教育为本旨”，他对新中国医学教育事业的贡献已载入史册，将永远受到人们的敬仰和纪念。

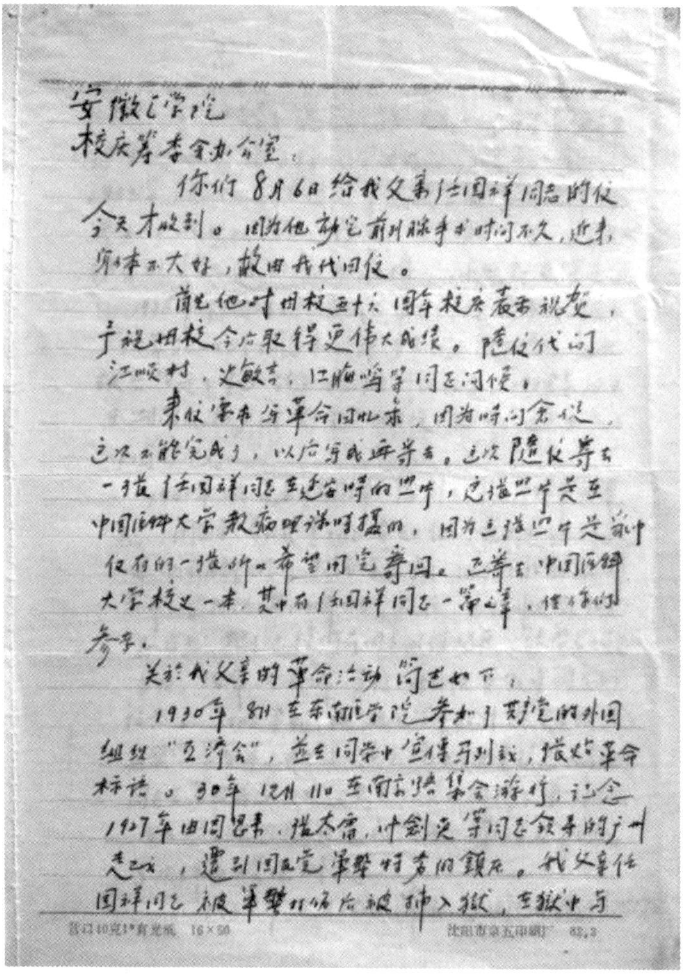

安徽医学院
校庆筹委会办公室：
你们8月6日给我父亲任国祥同志的信今天才收到。因为他动完前列腺手术时间不久，近来身体不太好，故由我代回信。
首先他对母校五十六周年校庆表示祝贺，并祝母校今后取得更伟大成绩。随信代问江畹村、史毅吾、汪瞻峰等同志问候。
来信要求写革命回忆录，因为时间仓促，这次不能完成了，以后写成再寄去。这次随信寄去一张任国祥同志在延安时的照片，这张照片是在中国医科大学教病理学时摄的，因为这张照片是我们仅有的一张，所以希望用完寄回。还寄去中国医科大学校史一本，其中有任国祥同志一节文章，供你们参考。
关于我父亲的革命活动简述如下：
1930年8月在东南医学院参加了共党的外围组织“互济会”，并在同学中宣传马列主义，散发革命标语。30年12月11日在南京路集会游行，纪念1927年由同志张太雷、叶剑英等同志领导的广州起义，遭到国民党军警打击镇压。我父亲任国祥同志被军警打伤后被捕入狱，在狱中与

图11　1982年8月任国祥校友给母校的回信（其子任青代笔）

（作者：张　芳）

曾国谦：救国救民　医路谦行

图1　曾国谦
（图片来源：四川省人民医院）

曾国谦（1903—1986），又名知行、崇祥，四川泸州人，1932年毕业于东南医学院，我校第六届校友。1937年11月加入中国共产党。抗战时期他在家乡创办私人医院——谦德医院，以医生职业为掩护，长期从事地下革命工作。1949年泸县解放后，他将谦德医院全部捐献给国家，历任泸县专区中心卫生院院长，泸州、隆昌专区医院院长，隆昌县人民医院院长，并先后被选为隆昌县人民代表大会代表，政协隆昌县委常务委员等。曾国谦的一生为国家和民族解放，为川南地区医疗卫生事业的创建和发展作出了卓越贡献。

求学沪上，国难当头萌发革命思想

1903年10月，曾国谦出生于四川泸县牛滩乡，父亲为榨油商，母亲早亡，后来家境逐渐衰落。在哥哥曾国廉的资助下，曾国谦得以继续读书，中学毕业后考入上海东南医学院学习。

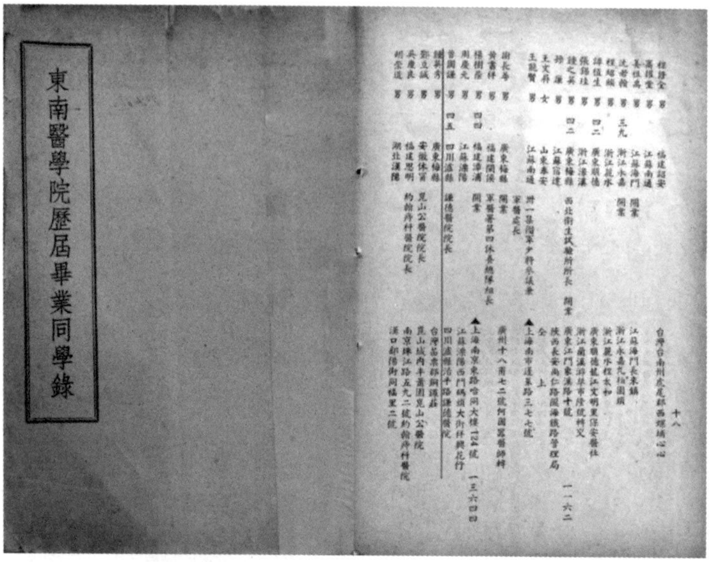

图2 《东南医学院历届毕业同学录》中曾国谦名录

图3 东南医学院第六届毕业生合影（2排左7为曾国谦）

旧中国军阀混战、战火频仍，中国人民生活在水深火热之中。出身底层的曾国谦，深知民众之苦，心怀仁爱救国之志，他追求思想上的进步，早在泸州读中学时就参加了由共产党员曾仲牧、刘力生等人组织的读书会，阅读进步作品，宣传进步思想，参加了轰轰烈烈的闹学潮运动。1930年曾国谦在东南医学院读书时，经同乡朱慎思介绍，加入了中国共产主义青年团以及共产党领导的群众性社会救济团体“互济会”。他们经常参加“互济会”的地下活动和秘密会议，在位于南京路的永生公司楼上散发传单，在沪西曹家渡一带张贴宣传标语。

图4　东南医学院四川同学会（后排左1为曾国谦）

1930年12月11日，在地下党的组织下，广大工人、学生齐聚外滩，纪念1927年由张太雷、叶挺、叶剑英等领导的广州起义，曾国谦参加了示威游行。1931年，曾国谦毕业的前一年，九一八事变爆发，东南医学院的学子群情激愤，读书亦不忘救国，组织救护队奔赴黑龙江。1932年一·二八事变爆发后沪战频起，当时东南医学院真如校区恰在火线内，校舍、设备化为废墟。为了支持抗战，真如校区腾出校舍为红十字会设立伤兵医院，全院四、五、六三个年级师生，在院长郭琦元的带领下，争先参加国难救护队，救治伤兵。之后又跟随十九路军退守昆山、苏州等地，设立伤兵医院、难民救济所，继续实施救护。曾国谦便是加入红十字会的东南学子之一。淞沪抗战结束后，曾国谦回校参加结业考试，并奔赴苏北宿迁实习。

图5　被炸毁的东南医学院校舍

在多年的求学生涯里，曾国谦目睹了山河破碎、日寇横行，与老师、同学一起经历了游行抗议、反内战、战地救护、援助救济等活动，青年学子以医报国、救亡图存的战斗热情深深地影响了这个年轻人。他利用课余时间大量阅读进步书刊，主动接受先进思想的熏陶。马克思列宁主义犹如黑暗中的一缕霞光点亮了中国革命的道路，也点亮了曾国谦前进的方向。革命的星星火种深植于曾国谦的心中，这为其日后真正投身革命工作奠定了基础。

矢志不渝，行走在刀口剑锋上的革命生涯

1932年，曾国谦毕业之际接到家中电报，多年来一直资助自己求学的哥哥病故，他随即返回泸县，后与团组织失去了联系。处理完胞兄后事，为了报答哥哥的恩情，他留在了家乡，负责照顾哥哥的4个女儿，将她们视若己出，抚养长大。

回到家乡后，曾国谦希望利用自身的专业特长，创办一所医院来救治穷苦百姓，以实现医学救国的志向。1933年，在四川泸县治平路水井沟，曾国谦创办了谦德医院。“以谦学技，以德救人”，取名“谦德”，除了名字中含有“谦”字，更主要的是为了随时鞭策鼓励自己。此后数年里，除了行医坐诊，曾国谦还担任川南师范学堂、私立医校、泸州中学、泸州女子师范学校、泸州县立职业中学、峨岷中学的校医，通过教书育人，向学生传播医学知识和革命思想，削弱了国民党、“三青团”等反动势力对学生的渗透影响。

在这段时间里，他还结识了中共地下党员何作舟、刘力生、曹德渊、温静涛、曾仲牧等人，在同志们的影响下，曾国谦的思想觉悟不断提高。他以医生职业为掩护为党工作，为组织的活动资助经费，捐助药品和医疗器械，免费为地下党员和他们的亲属治病。1937年11月，在中共川南临时工委书记万敬修处，曾国谦由何作舟、刘力生介绍加入了中国共产党，此后谦德医院便成了中共地下党的秘密通讯联络点。除了继续为党解决经费上的问题、救治伤病员，谦德医院还以治病为名承担了传递情报、秘密文件以及接头联络等重要工作。1938年5月，肖泽宽等8名地下党员前往川南临时工委开展抗日救亡工运工作，负责人万敬修和何作舟就是在地下联络站——谦德医院接

待这些同志的。

对于党，曾国谦从来都是尽心竭力、无私奉献。1939年3月，为了扩大宣传马列主义及抗战救亡思想，建立新的地下联络点，中共泸县中心县委决定在水井沟附近开办泸县书店，其中绝大部分经费来自曾国谦。每当党的经费紧张时，曾国谦都会从医院的收入中拿出部分交给组织。“双枪老太婆”是我们耳熟能详的小说《红岩》中虚拟的人物角色，但其所在的华蓥山游击队是真实存在的，游击队的大部分活动经费和医疗物资同样来自曾国谦的资助。

图6　华蓥山起义纪念馆

为了党，曾国谦从来都是勇往直前、无畏生死。1940年共产党员于壮夫家人的安全受到威胁，曾国谦将其接至家中隐藏2个月后，安全转移。1949年新中国成立前，上级要求川南工委负责人廖林生前往香港汇报工作，恰逢其痔疾发作无法行走，面对国民党的通缉围捕，曾国谦不顾个人安危，将其接到诊所，请专家进行手术，悉心照料，并负责廖林生香港之行的一切费用和临行前的安全保障。生活在白色恐怖之下，曾国谦于1942年9月和1943年

6月先后两次被军统抓捕入狱，其中一次还是他的学生胡界西通过家族关系出面担保才得以释放。在狱中他受尽酷刑，在生死考验面前，他从未泄露党的一丝机密。

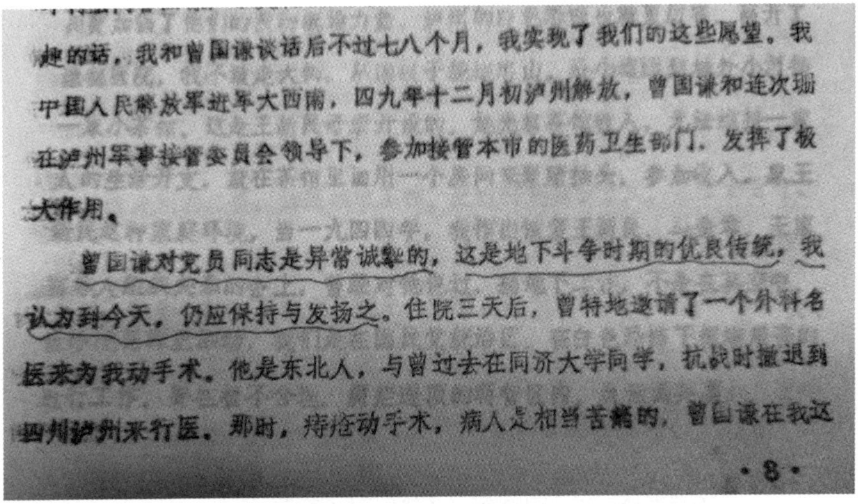
婕的话，我和曾国谦谈话后不过七八个月，我实现了我们的这些愿望。我中国人民解放军进军大西南，四九年十二月初泸州解放，曾国谦和连次珊在泸州军事接管委员会领导下，参加接管本市的医药卫生部门，发挥了极大作用。

曾国谦对党员同志是异常诚挚的，这是地下斗争时期的优良传统，我认为到今天，仍应保持与发扬之。住院三天后，曾特地邀请了一个外科名医来为我动手术。他是东北人，与曾过去在同济大学同学，抗战时撤退到四川泸州来行医。那时，痔疮动手术，病人是相当苦痛的，曾国谦在我这

·8·

图7　1984年铁道部第二设计院院长廖林生在

《香港行》一书中回忆曾国谦

对于人民，曾国谦从来都是以医者仁心悉心关爱，倾力相助。他为贫穷和有困难的病人减免医疗费，还经常拿出自己的工资资助他们的生活。1937年日军发动七七事变，战火蔓延中华大地，泸州作为川南重镇成了日军重点轰炸的目标。1937—1949年，日军6次轰炸泸州，百姓死伤无数。在东南医学院读书时便有跟随红十字会参与战地救护的经历，彼时身为共产党员的曾国谦，更是满腔热血，义无反顾投身救护工作。1938年至1942年，他担任泸州红十字会医院院长，带领医护人员奔赴各地全力救助受伤同胞，同时将谦德医院作为救济点无条件接收伤病难民，为他们提供医疗救护。

初心不改，为了医疗卫生事业鞠躬尽瘁

1949年12月泸州解放，曾国谦参加了部队和地下党在中山联合召开的会师大会，多年从事地下工作的曾国谦终于迎来了扬眉吐气、振奋人心的历史时刻。1950年1月，他将谦德医院的全部资产捐给人民政府，并在泸州军事接管委员会的领导下，参加接管医药卫生部门。他在日记中深情地写道："解放了，我们都是国家的，还分什么彼此，只要能为党工作，一切都无悔。"之后他带领谦德医院随泸州专区迁往隆昌专区，与仁济医院合并成立隆昌专区人民医院。隆昌撤专区立县后，医院更名为隆昌县人民医院，曾国谦担任院长直至1976年退休。

曾国谦在担任院长的20余年里，十分注重医疗人才的培养。新中国成立初期（20世纪50年代）他自掏腰包，在好友任国祥（时任中国医科大学副校长）的支持下，输送多名医疗骨干前往中国医科大学进修学习，为隆昌县人

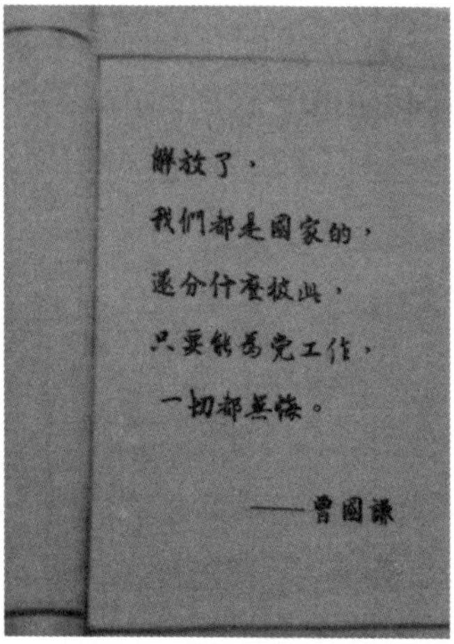

图8　曾国谦笔记

图9　1962年4月曾国谦在北京

民医院培养储备了一批业务骨干。多年来，正是因为这些精锐的人才力量，隆昌县人民医院发展迅速，为四川省首批县级三乙医院及内江地区唯一一所“90％以上病员留在当地”的县级医院。

图10　20世纪90年代的隆昌县人民医院

这样一位为党和人民奉献了毕生的校友在我们的校史上却始终不为人知，2021年我们梳理馆藏档案的过程中发现了曾老的名字，然而我们查阅文献试图了解他的人生轨迹时却发现所有的公开资料都显示曾老毕业于上海同济医学院。为了探究事实，在我校陶黎明教授的帮助下，我们联系上了曾老后人——四川省人民医院眼科主任吴峥峥以及曾老一手创办的隆昌县人民医院（现为隆昌市人民医院）。在相互交换了档案资料以及充分交流后，曾老为东南医学院毕业生的历史真实面貌终于还原。在2021年清明节之际，我们还向曾老的家人表达了母校对曾老的怀念之情。

多年来，先辈曾国谦的医者仁心深深地影响了他的后人。曾家三代行医行善，他的外孙女吴峥峥教授，医术精湛、心怀大爱，连续20多年带队深入偏远地区为百姓义诊和手术，多次获得“四川好医生”“四川名医”等殊荣。2019年中华人民共和国成立70周年之际，隆昌市人民医院以曾国谦的革命经历为素材，以吴峥峥教授的内心独白为主线，拍摄了纪录片《医魂》，获得了四川省卫生健康委员会第五届微电影评选展播活动“最佳纪录片”金奖。

图11　1973年曾国谦夫妇和外孙女吴峥峥合影

为国为民无所求，千帆过尽终无悔。曾国谦凭借共产党人坚如磐石的信仰力量，穷尽一生，呕心沥血，毁家纾难，为党、为国家、为人民，作出了巨大贡献。初心如炬，大爱无疆，他将共产党员的坚定信念与救死扶伤的医者使命相融合，谱写了一名白衣战士的忠诚赞歌，这与“弘毅担当、精医报国、康民济世”的安医精神不谋而合。回眸历史，缅怀先辈，愿每一位安医人汲取奋进力量，努力做新时代的奋斗者和筑梦者，在中华民族伟大复兴的新征程上奋力书写历史的新篇章。

（作者：吴　敏）

李广涛：持勇思变　执着追求

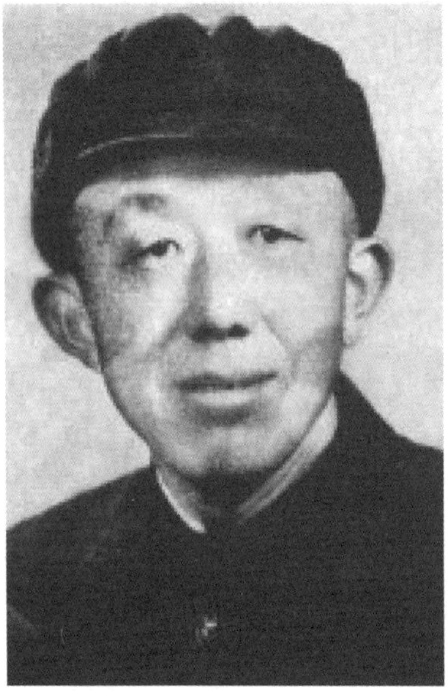

图1　李广涛（一）

李广涛（1914—2017），曾用名李霁明，安徽合肥人。幼时借读私塾，少年时考入安徽省立第一职业学校，后进入爱国将领张治中将军创办的黄麓师范学校学习。1936年5月，李广涛在上海参加“星海歌咏队”，宣传抗日救亡思想，从此走上革命道路。1937年9月奔赴延安。1938年3月加入中国共产党。抗日战争和解放战争期间，李广涛曾先后任中共新蔡县、永城县、灵北县、泗县县委书记，淮（阴）涟（水）泗（阳）中心县委书记，淮阴县县委书记等职，在淮阴坚持对敌斗争近十载，为苏北抗日和革命根据地的建立和发展作出了重要贡献。1949年1月21日，合肥和平解放后，李广涛任中共合肥市委副书记、市军管会秘书长、市城防司令部政委，1949年5月至1950年5月任中共合肥市委书记。1951年任东南医学院军代表。1951年2月至1956年6月任安徽医学院党委书记。1964年再次出任安徽医学院党委书记。1981年4月任安徽省人民代表大会第五届常务委员会副主任，1982年12月离休。

走上革命道路

李广涛在安徽省立第一职业学校期间，喜读蒋光慈的《少年漂泊者》《鸭绿江上》等进步小说，萌生了追求进步的意识。1928年年底，李广涛在安庆参加了共产党组织的全市大中学校学生的反蒋示威大游行。

图2　李广涛18岁在黄麓师范学校校舍前

1934年，李广涛在黄麓师范附小任四年级班主任，教授语文，随后正式考取黄麓师范学校。这段时间里他接触到了农民，认识了农村，这对他后来淮阴十年的敌后坚持和新中国成立后在工作中正确认识农村现实与中国社会，有着很大帮助。

1936年5月，李广涛和罗平先后到了上海，参加陶行知先生创办的山海工学团活动，后两人计划结伴去延安。沈钧儒先生为他们写了一封去延安的介绍信，两人先是乘火车到达西安，又搭乘运粮的大卡车于1937年9月底10月初到达日思夜想的目的地——延安。

毛主席题词“前进”

李广涛在延安度过了难忘的3个多月的时间，亲耳聆听了毛泽东主席关于游击战争的报告，延安生活虽艰苦，但是在政治生活和精神上都特别充实，

图3　1937年毛主席题词“前进”（因战争年代李广涛贴身珍藏而字迹漫洇不清）

他感到特别幸福，整个人都充溢着昂扬向上的朝气。一个星期天的下午，李广涛和几个同学想请中央领导同志题个字。于是，他们便一起来到毛主席住的窑洞里，向毛主席说明了来意后，李广涛递上了自己的笔记本。毛主席微笑着回应，并且给他们一一题字，其中给李广涛题的是“前进　毛泽东”。李广涛当时非常激动，如获至宝。这个笔记本他一直珍藏了约40年，20世纪70年代时，李广涛将这个题字上交给中央办公厅，中央办公厅制作了一个复制件给他继续收藏。毛主席所题的“前进”二字，给了李广涛无穷的力量，鞭策着他在以后的革命道路上一直“前进”。

筹建安徽医学院

1949年年底，东南医学院响应中央华东局“面向农村，走向内地”号召，内迁安徽怀远。为加强对东南医学院的党政领导，李广涛临危受命，以军代表身份任第二副院长。1951年农历正月十五的晚上，按曾希圣指示，李广涛带警卫员陈训贵，身穿军装以军代表的身份来到了怀远东南医学院。怀远地处淮河中游，距蚌埠市区10公里，是一座山水相连、风景秀丽的小城。由于怀远的教育基础较好，且有美国教会遗留下来的民望医院、民康医院等院舍以及设施，因此东南医学院迁往此处。

很快，李广涛见到了时任东南医学院副院长的李祖蔚以及政治协理员陈韧夫妇。陈韧后来担任安徽医学院的副院长、党委书记。在他们的共同努力下，学院的党、团、工会组织相继建立，工作逐步开展起来，教师、干部以及学生中的党员、团员数量也有了较大增长，如姚静篁、张咏南都是东南医学院内迁怀远后的首批新党员。

图4　李广涛与东南医学院部分共产党员合影（从左至右分别为：黄叔仁、吴娴、陈韧、聂震芳、俞洽成、傅子云、欧克仁、李广涛）

为适应安徽省卫生事业发展的需要，1951年，安徽省人民政府决定将东南医学院迁到省会合肥，成为合肥市第一所高等院校。关于学校的地址，由时任安徽省省长黄岩和军代表李广涛负责，两人看中了合肥德胜门（今环城路与金寨路交口）外的一处高地，面积大约有47万平方米。李广涛带领一班人勘探地形、打桩拉线，并亲自请专家设计图纸，与施工单位接洽，和工人们交谈。他急师生所急，想师生所想，几乎整天都泡在了工地上。在不到1年的时间里，安徽医学院的4座教学楼、1幢行政楼和部分教师宿舍拔地而起。1952年10月，学校更名为安徽医学院，全体师生员工正式从文艺干校、五圣楼巷以及天主教堂等地搬回本部，在崭新的校园里工作、学习和生活。

图5　1953年安徽医学院学生宿舍

在规划校园的同时，李广涛还积极争取大批高级知识分子来校“落户”。从内迁怀远一直到搬至合肥，学校面临一个重大难题：很多基础课与临床课都无教师上课，更谈不上有学科带头人，扩大师资队伍是学校的头等大事。时任安徽医学院党委书记的李广涛一直奔波于上海、北京、合肥之间，在当时中共中央华东局陈同生、中央人民政府卫生部崔义田的鼎力帮助下，通过裘法祖教授邀请了耿兆麟、刘春生两人成为学校外科方面的骨干。组织胚胎学课程请来了中国人民解放军第一军医大学的王凤振教授；生理课请来了圣约翰大学的张鸿德教授（一级教授）；肺科学请来了我国著名的肺科专家吴绍青教授。从上海请来了赵师震教授讲授内科学课程，陈照常教授讲授寄生虫课程；还从上海请来了陈卓人教授以及陈祖厘、欧克仁、江顺林等一批老校友……一时间，学校人才济济，他们为安医的发展作出了重要贡献。

图6　李广涛邀请中国普外科专家裘法祖教授来安医讲学

（从左到右分别为：耿兆麟、裘法祖、李广涛、刘春生、王天明）

东奔西走　筚路蓝缕

1953年李广涛到省委主持工作，1954年下半年联系组织50多家上海工厂整体内迁安徽之后，他又回到安医。1955年被任命为安徽省人民委员会（今省人民政府）副秘书长，协同张恺帆同志规划黄山建设。1956—1957年，李广涛在中央党校学习，1957—1962年其在西安医学院工作5年，之后又回到安医。

1964年夏，中央召开政治理论工作会议，要求5年制的高等院校要开党史、政治经济学、哲学3门政治课。考虑到当时没有高质量的、现成的党史和政治经济学的教科书，李广涛在执行时经党委研究决定暂停开党史课与政治经济学课，党史课以由领导作大报告的形式来代替，只开一门以毛泽东主席两部哲学著作《矛盾论》《实践论》为教材的政治课。

无论在大会或小会上，李广涛都要求教师、医生提高外文水平及业务能力，认为学校应坚持不懈地提高教学质量，普遍地提高教师外语水平，培养干部和医生应实行淘汰制。留校的毕业生业务不过硬的应淘汰，住院总医生不掌握一门外语的，不能升主治医生等。

离开学校后，李广涛仍然关心学校发展，为学校发展献计献策，深受我校师生员工爱戴。从领导岗位上离休后，李广涛继续保持炽热的革命情怀，围绕经济和法治建设等开展调研、献计献策，其热心公益事业，担任了安徽省新四军历史研究会等社团的领导职务，继续书写人生辉煌。

我校突出贡献校友

李广涛同志尊重知识、重视人才，特别是学校刚迁合肥时他谋篇布局、拓路夯基，带领全校师生含辛茹苦、共克时艰，为我校发展作出了卓越贡献。1996年“张锡祺奖学金”基金会成立初日，李广涛捐款两万元。2016年10月，在我校建校90周年之际，李广涛同志被评选为我校唯一一位“安徽医科大学建校90周年突出贡献校友”，时任校党委书记李俊、副书记刘群英专程前往李广涛家中，为他颁发了奖杯，并送上建校90周年纪念牌和鲜花。

图7　时任校党委书记李俊、副书记刘群英看望李广涛

图8　李广涛（二）

2017年5月22日，李广涛同志因病在合肥逝世，享年104岁。斯人已逝，风范长存。李广涛一生始终以身作则、严于律己，坦荡无私、豁达大度，敢于担当、崇尚实干，清正廉洁、艰苦奋斗，关心群众、爱护干部，体现出一名党员高级领导干部的崇高境界、优良作风和高尚情操。李广涛的一生，是忠于党、忠于人民、忠于事业的一生。

（作者：李　涛）

陈韧：碧血丹心　尽忠竭力

图1　陈韧

（图片来源：安徽师范大学档案馆）

陈韧（1919—2001），原名韦振华，安徽临泉县迎仙镇韦老庄人，河南新蔡今是中学毕业。1938年加入中国共产党。先后在新四军四师、五师，豫东南地委、河南军区党委等单位工作，1946年随河南军区突围到达鄂豫陕边区和豫皖苏边区，曾任科长、干部团团长、县长、县委书记等职。1950年回安徽负责接收东南医学院并先后任副院长、党委书记兼院长。1964年任皖南大学（现安徽师范大学）党委书记，1973年任安徽医学院党委书记。1979年后任安徽省高教局局长、党组书记，省委文教部副部长兼省政府文教办副主任，省委宣传部顾问，省顾委委员。1990年离休。2001年1月27日逝世。

行走于隐秘战线

1939年至1941年，陈韧同志参加革命后不久，因时局复杂无法公开身份，只能秘密地与党组织保持联系，完成组织交办的任务。界首的刘兴镇在行政上属于国民党临泉县管辖，特务机关很多、情况复杂，因此，他以小学教师或商人的身份，来到刘兴镇秘密开展党的工作，主要任务是掌握敌人动态、了解敌顽情况、掩护同志、转送情报。为了能顺利开展工作，陈韧在界首沙河南岸的渡口处，设立了一个秘密联络站——渡口联络站。1941年年初，陈韧受李轩的派遣，与界首警备司令部的地下党员苏庆阳秘密接头，交换重要情报，并通过苏庆阳，派一些年轻同志打入警备司令部担任译电员，为中共党组织获取更多情报。后陈韧到界首筹建地下党的武装部队准备抗日，为筹集经费、购买武器，陈韧和范健如带人推了几车子棉花在界首的棉花行变卖，取得经费后，转道周口，通过一些地下党的联络关系，从马鸿逵的部队里购买到6箱子弹和一些药物。陈韧忠诚于党的事业，保守党的秘密，为党积极工作，从不向敌顽屈服，在白色恐怖的环境中，尽管特务盯梢、顽军为害，包括陈韧在内的共产党员仍然千方百计地完成党交给的任务。

在安医筹建党组织

1949年，东南医学院响应中共中央华东局“面向农村，走向内地”的号召，内迁怀远。此时学校虽保持私立医学院的形态，但行政隶属关系改由华东军政委员会卫生部、教育部及皖北行署领导。为加强党的领导，1950年11月，中共皖北区党委派陈韧担任政治协理员，来东南医学院筹建党组织，1951年2月，李广涛同志以军代表的身份来到东南医学院，此后，他们互相配合，积极开展思想政治教育，建立了学校的党员、团及工会组织，教师、干部及学生中的党、团员数量也有了较大增加。随后，学校由私立改为公立，委托皖北行署正式接管，成立了院务委员会，废除了校董会。学院开设了社会发展史、新民主主义论等政治课，进行革命教育。1951年11月，陈韧暂代副院长。1952年东南医学院又迁往合肥更名为安徽医学院，开启了安徽省医学高等教育的新篇章。1955年，陈韧正式任职安徽医学院副院长。1956年，陈韧任安徽医学院第二任党委书记，并分别于1973、1976年再度担任安徽医学院党委书记。

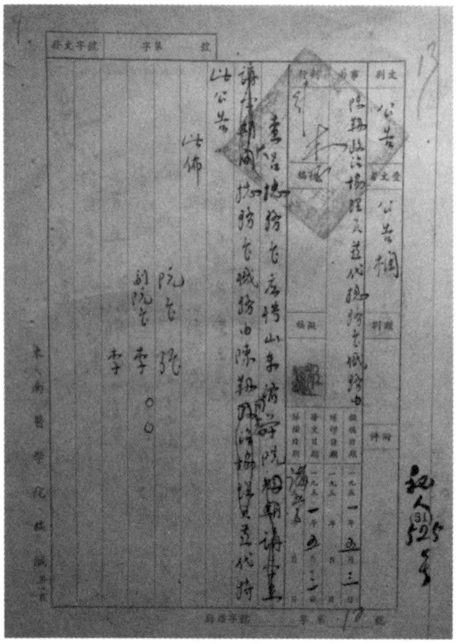

图2　陈韧担任政治协理员兼代总务长的公告

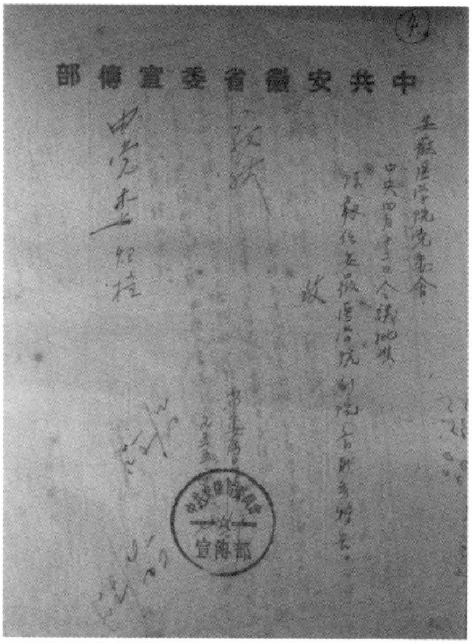

中共安徽省委宣傳部

图3　安徽省委宣传部任命陈韧为安徽医学院副院长的公文

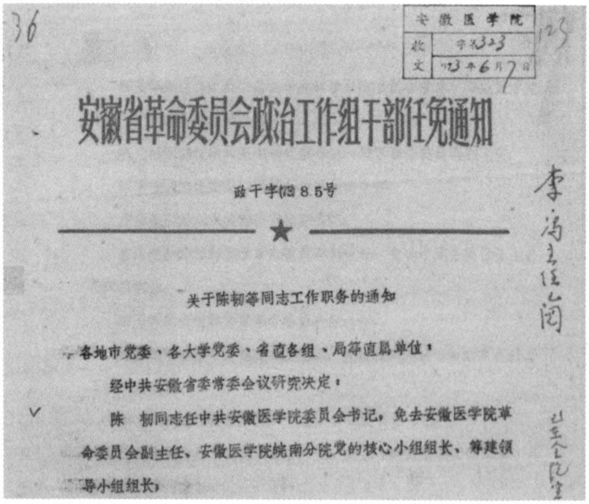

安徽医学院

安徽省革命委员会政治工作组干部任免通知

政干字(73)85号

关于陈韧等同志工作职务的通知

各地市党委、各大学党委、省直各组、局等直属单位：

经中共安徽省委常委会议研究决定：

陈　韧同志任中共安徽医学院委员会书记，免去安徽医学院革命委员会副主任、安徽医学院皖南分院党的核心小组组长、筹建领导小组组长；

图4　安徽省革委会任命陈韧为中共安徽医学院委员会书记的通知

高等教育改革的先锋

1979年陈韧离开高校之后，去了安徽省高教局担任局长、书记。由于长期从事高校工作，他对高等教育的改革与发展有很多独到的见解并付诸实践。在1979年，陈韧就提出“搞好老校的整顿，加快新校建设，办好大专班”的意见。1981年，陈韧《在大学党委书记、校长、院长会议上的讲话》中，再次提出具体的发展措施。陈韧认为，提高教育的质量，核心在于教师队伍的建设，中国科学技术大学、合肥工业大学、安徽大学、安徽师范大学、安徽医科大学、安徽农业大学6所大学应该积极承担高校教师的培训任务；要加强实验课程的教学，医科类院校的临床实习基地不足，对医科大学和医院的发展是非常不利的。他还强调，在高等教育的改革中，要克服官僚主义、特殊化等不正之风，廉洁奉公。

图5　陈韧、冯雪夫妇的合影

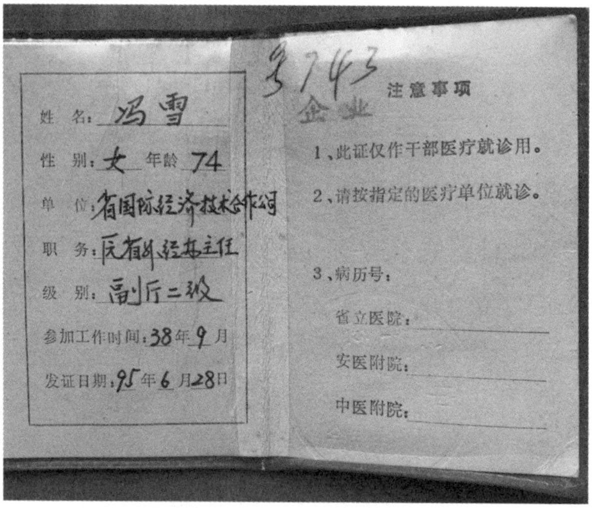
姓名：冯雪
性别：女 年龄 74
单位：省国际经济技术合作公司
职务：原省外经委主任
级别：副厅二级
参加工作时间：38年9月
发证日期：95年6月28日

注意事项
1、此证仅作干部医疗就诊用。
2、请按指定的医疗单位就诊。
3、病历号：
省立医院：
安医附院：
中医附院：

图6　冯雪个人证件

对于高等教育未来的发展方向，陈韧结合国情、省情，立足长远，在全省高教工作会议上的讲话中，特别提出发展职业大学的必要性，其以南京的金陵大学、武汉的江汉大学为例，提倡省际合作、交流、联合培养等形式丰富的办学模式，并且鼓励民办职业大学的发展。他还强调，辅导员要明确自己的工作定位，把思想政治教育摆在第一位。高校要重视辅导员的一些不适应、不安心的表现，及时为他们排忧解难。以上这些中肯的意见，可操作性极强的改革措施，都充分体现了陈韧在教育理念上的全局性、前瞻性，这些顶层设计，放在今天，也是符合教育规律、符合高校的发展方向的。这些举措的贯彻与落实，为我省高等教育的发展打下了坚实的基础。

夫人也是老党员

陈韧的夫人冯雪（1921—2000），1938年参加革命，同年入党，后任新四军四师干部。新中国成立前，历任阜北县王老仁集区区委副书记、阜阳县委会秘书。新中国成立后，曾任安徽医科大学附属医院副院长，合肥师范学院人事处副处长，芜湖市卫生局副局长，芜湖市三院副院长，芜湖市妇联主任，安徽省计划委员会援外办公室主任，省进出口委外经办主任等职。夫妻二人曾经共同为恢复、发展新中国成立初期的安徽医科大学作出了不遗余力的奉献。陈韧去世后，这对革命伉俪合葬于大蜀山烈士陵园。

陈韧同志作为一名老党员，一辈子坚守信念，不改本色。他从隐秘战线的工作中逐步成长起来，本着育才造士的观念，在教育领域深耕多年，不仅对安徽医科大学的建设和发展起到了关键作用，更为安徽省高等教育的发展作出了贡献。溯其源者，言传身教，我们作为新时代的党员，要自觉接受红色传统教育，以陈韧同志这样的先进模范为标杆，常学常新，不断感悟，巩固和升华理想信念。

（作者：张幸媛）

江烈涛：忠诚为党　并心同行

图1　江烈涛

江烈涛（1912—1996），福建上杭县人，出生于一个农民家庭。1929年起在福建上杭中央苏区工作，曾担任上杭县模范营营部文书。1935年6月加入中国共产党，历任赤卫军战士，上杭游击队副主席，杭代县二支三团一营书记，新四军二支队司令部、苏皖支队司令部、苏中军区一分区和四分区司令部、苏中军区机要科以及苏北军区机要科机要员、组长、股长、副科长、科长，华中党校机训队队长，华东军区青年干部学校教育长；安徽省人民政府机要室主任；安徽省委机要处副处长、省人委办公厅副主任兼机要室主任；安徽医学院党办、院办主任，党委委员、副院长等职。1976年6月离职休养，1996年9月10日在合肥病逝，享年85岁。江烈涛同志的一生，对党忠诚，立场坚定，深受组织信任，多年来从事部队机要工作，在激烈、复杂、残酷的武装斗争中，视党的机密重于生命，严守党的秘密，维护党的安全。新中国成立后，他服从组织的调动与分配，在政府机关、高校担任领导工作，为地方政府和高校建设作出了重要贡献。

热血青年　投身武装游击斗争

1929年红军到上杭地区领导工农斗争，建立了苏维埃政府。贫苦农民的孩子跟着红军打土豪、分田粮、建农民协会，对于红军有了最初的好印象。小小年纪，还在读高小的江烈涛先后加入了当地的群众组织——儿童少先队和青年团。1932年他被调往中央列宁师范学校学习，毕业后留在上杭中央苏区工作，从普通赤卫军战士到上杭县模范营营部文书。在此期间他参与武装训练，并加强政治、军事上的学习。1933年国民党围剿上杭，因为家中藏有苏区学校出版的进步书籍，他还被国民党抓捕过，受到过敌人的拷打。

1934年7月江烈涛正式入伍，此时他对党的认识仅仅局限在党为广大人民解除痛苦，是劳动人民的救星。1934年10月，红军撤离苏区西行长征后，面对敌人的疯狂围剿，时任游击队副主席的江烈涛带领着20多人的队伍退守山林，投身于艰苦卓绝的游击岁月。经历1年的武装斗争和党的教育，江烈涛的思想得到锻炼、升华。他在回忆录中写道："我开始认识到中国共产党是先进的政党，革命的发展和壮大，必须有党的正确领导，才能取得胜利。"他坚定了自己的革命意志，决定终身为共产主义事业而奋斗。1935年6月，他经廖海涛、罗炳钦等同志介绍加入了中国共产党。成为党员后的江烈涛，更加意识到责任的重大，他发挥战斗上不怕死、生活上不怕苦的精神，继续带领队伍进行战斗。山上没有住所，缺乏水和食物，枪弹、手电等军用物资更是严重匮乏，在这种极度恶劣的情况下，他们使用最原始的刀、棒坚持与敌人斗争，同时利用夜晚时间下山对人民群众进行宣传教育，不断发展壮大对敌斗争的群众组织。直至1937年国共合作，抗日战争全面爆发，这支队伍才真正走出山林。

组织信任　多年从事机要工作

七七事变后的1937年10月，中国共产党领导位于南方数省坚持游击作战的工农红军和游击队改编为新四军，由北伐名将叶挺任军长。新四军军部于1937年12月在汉口成立。1938年1月，江烈涛所在的闽西南红军游击队集中编为新四军第二支队，北上江苏抗日。

图2　1938年新编第四军第二支队全体将士抗日誓师大会

在抗日战争时期，党的文书、电讯、档案工作人员统称为机要人员，中央军委和各部队相继成立机要科。党中央十分重视机要工作，1939年2月在延安召开的技术人员晚会上，毛泽东同志就曾发表讲话说："机要工作也是建造新中国不可缺少的工作。"因为江烈涛有一定的斗争经验和文化水平且历史清楚、政治可靠，所以得到了组织的信任，一直到1945年抗战胜利，他始终负责党的机要工作。

皖南事变爆发后，抗战进入最困苦时期，为了加强新四军干部队伍思想建设，在刘少奇同志的提议和直接过问下，华中党校于1941年在苏北盐城创建。1943年江烈涛受组织派遣前往华中党校参加了为期1年的整风学习。由于过去长期处于行军游击过程中，很难有机会接受系统的马列主义理论教育，到了党校后的江烈涛如饥似渴地学习马列主义基础理论课以及抗战形势、军事斗争、政权建设、文化建设等课程，理论和思想水平得到很大提高。

图3　1950年5月15日华东军区苏北大队党委会（前排左2为江烈涛）

回到军区后他继续从事机要工作直至新中国成立。因工作出色，1945—1946年他在苏中军区第四分区政治部先后获得模范工作者和机关立功运动二等功表彰。新中国成立初期江烈涛调往华东军区青年干部学校任教育长，负责教授和培训机要业务，为军队培养和储备青年机要干部。

卸下戎装　服务地方建设

新中国成立后，为了尽快医治战争创伤、恢复经济，国家从1950年开始有计划、有步骤地对军队进行整编复员。1952年3月，江烈涛从华东军区青年干部学校转业至安徽，继续为党和人民，为百废待兴的社会主义建设服务。

图4　江烈涛转业军人证明书

1952年3月至1954年4月，他历任安徽省人民政府机要室主任、安徽省委机要处副处长。1955年调安徽省人民委员会办公厅任副主任兼机要室主任。戎马半生，军人底色永不褪，转业至地方后，江烈涛一如既往地发挥对党忠诚、积极负责、艰苦奋斗的优良传统。一方面凭借在部队时打下的扎实的机要工作功底和丰富的工作经验，挑起机要工作大梁，在他的参与下，政府部门建立了完整的文书、机要、档案业务系统；另一方面，他高度重视对各级党委、机关要害部门人员的审查，肃清了过渡时期暗藏在政府机关中的破坏分子，加强了党委机关工作人员的思想教育和政治纪律，推进了过渡时期社会主义改造和社会主义建设的进程。

图5　江烈涛任安徽省人民委员会办公厅副主任的任命书

1959年6月，根据组织安排，江烈涛调往安徽医学院任党委办公室主任，1960年5月起担任安徽医学院副院长。安徽医学院前身为上海私立东南医学院，多年来辗转上海、怀远、合肥三地办学，历经重重战火洗礼，饱受历史沧桑巨变。由于过去的制度不全，管理不严，人员变动频繁，伪政权档案、历史档案和大量无保存价值的一般资料混杂，文书、收发、档案等工作界限不清，失密泄密事件常有发生。江烈涛自调往安徽医学院起，便成立了保密小组并担任组长。之后学校成立保密委员会，他又继续担任主任委员，负责全院保密工作。在他的领导和带领下，全院多次开展文件清理工作，收集抢救了多年来散存于个人和部门的重要文件，同时分类鉴定、整理归档了以往积存的有保存价值的档案材料，销毁了无价值的档案材料。这些工作为学校分清了玉石，摸清了家底。为了巩固这些成果，他在学校实行文件、档案的党政统一管理，将文书收发室和文书档案室分开，在学校及附属医院设立保密室，成立保密小组，各总支、支部设立专职或兼职保密委员，建立了完整的组织机构。另外，他通过调整科研资料的机密等级，修订和改进文书、收发、印鉴管理和档案管理工作制度，健全了制度建设，堵住了文件材料失泄密的最大漏洞。他还高度重视对干部、党员及广大群众的保密工作教育，将保密教育纳入政治思想教育内容，同时加强了对机要人员政治审查和调整配备的力度。在一系列举措的整顿下，自1962年起，文件失泄密事件未再发生，行政工作逐渐步入正轨，这为学校的长远发展打下了坚实的基础。

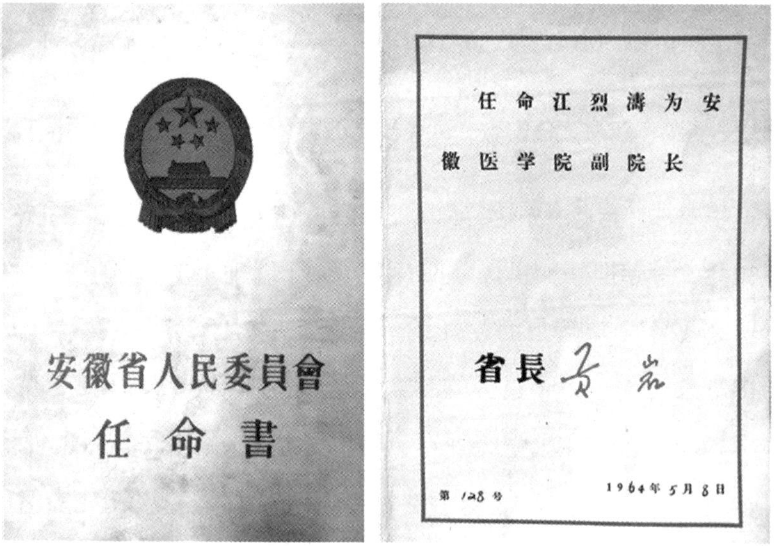
安徽省人民委員會
任命書

任命江烈涛为安徽医学院副院长

省長

第128号 1964年5月8日

图6 江烈涛任安徽医学院副院长的任命书

并肩战友　革命夫妻

1945年10月，江烈涛与江苏姑娘任何结为夫妻。这对革命伉俪，一个是出身底层，久经战场的战斗英雄，一个是来自书香门第，投身革命的大家闺秀。背景不同、经历不同的两个年轻人，因为拥有共同的理想信念和对共产主义的崇高追求走到了一起。

图7　1949年江烈涛一家三口在南京与革命友人合影
（前排左1至左3分别为任何、江晓淮、江烈涛）

任何，1915年9月出生于江苏如东县双甸镇一个地主家庭。父亲为清末秀才，精通诗书，是当地颇有名气的学者、诗人和书法家，早期留学日本，回乡后创办新学，首开女子上学的风气。受到家庭氛围的熏陶，任何自小便接受良好的教育，文化知识、书画技艺、歌舞特长样样不输于人。1931年8月任何高中毕业后，留在家乡的小学教书多年，抗战爆发后，前往上海投奔哥哥。

1941年5月回到家乡的任何加入了新四军，同年10月入党。历任新四军一师服务团团员、苏中军区二分区泰东县区妇女委员、宣教干事，泰东县公安局书记兼调研干事，东台县角斜区文教股长，县政府文教科督学，苏中军区四分区文教研究会队长，政治部文工团政治指导员，苏中军区一分区供给部政治指导员、政治部宣教干事，苏北军区司令部机训队政治指导员，华东军区青年干部学校宣传科副股长，华东军区直属政治部政教干部、政治协理员。

1952年任何转业至安徽，历任安徽省干部疗养院党总支书记，安徽省芜湖市女子中学校长、安徽省教育厅督学。1961年11月起担任安徽医学院附设

图8　1952年任何胸章

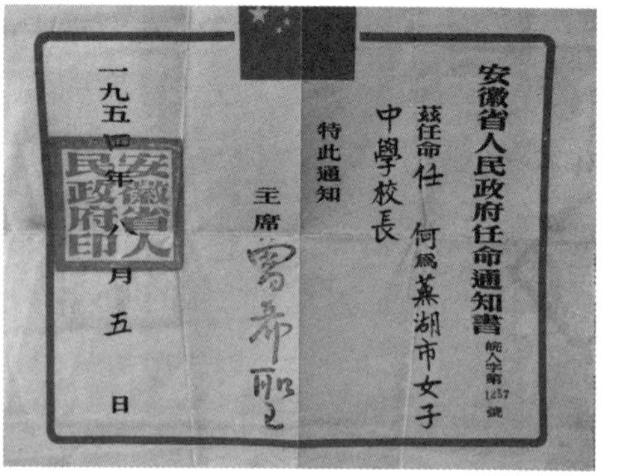
安徽省人民政府任命通知書

皖人字第1457號

茲任命任何為蕪湖市女子中學校長

特此通知

主席 曾希聖

一九五四年八月五日

安徽省人民政府印

图9　1954年任何任芜湖市女子中学校长的任命书

护士学校校长、安徽医学院图书馆主任、安徽医学院顾问等职。2012年6月7日逝世，享年97岁。

图10　1957年毛主席及中共中央领导人接见教育行政学院第二届毕业学员合影（前排正中为毛主席，右15为任何）

除了共同的理想信念，两位老人还有着相似的兴趣爱好。退休后江老研习书法，任老书写丹青，夫妇两人一起学习、欣赏、切磋，通过书画作品颂扬时代，表达对生活的热爱，这成为他们晚年生活的一大乐事。两位老人去世后，江家后人将他们的书画作品收集整理并出版了《任何书画集》，以示怀念。

图11　1989年春节江烈涛夫妇合影

江烈涛、任何夫妇，一位长期从事党的机要领导工作，一位

图12 《任何书画集》及两位老人的部分字画作品

扎根教育和宣传事业，他们在中国工农红军时期、抗日战争时期、解放战争时期，克服重重困难，英勇战斗，多次立功受奖，为党的革命事业和中国人民的解放事业不懈奋斗。新中国成立后，他们服从安排转业地方，深入人民群众，为地方政府和高校的稳定发展作出了卓越的贡献。他们是志同道合、并肩前进的革命同志，也是相濡以沫、互敬互爱的人生伴侣。斯人已逝，历史长存，他们为国家和民族解放、为安医建设奉献终身的光辉历史将永远为安医人所铭记。

（作者：吴　敏）

廖祥林：信仰坚定　精忠报国

图1　廖祥林

廖祥林（1915—1990），安徽省金寨县南溪镇人。1931年4月参加工农红军，1932年5月加入中国共产党。土地革命时期，历任红四方面军十二师勤务员、卫生员，十二师三十六团卫生队护士长、卫生队队长、军医。抗日战争时期，历任陕甘宁边区三八五旅七七〇团卫生队主治医生、副队长、队长。解放战争时期，历任延安和平医院外科医生，第一野战医院三所所长，一野四军十一师卫生部部长。新中国成立初期，选调至中国医科大学学习。毕业后，历任北戴河军委疗养院院长、空军后勤部卫生部副部长。1955年被授予上校军衔。荣获二级八一勋章，三级独立自由勋章和三级解放勋章。1959年8月转业任安徽医学院党委常委、副院长。1964年3月，廖祥林兼任安徽医学院第一附属医院院长、党总支书记。1982年3月离职休养。1990年，廖祥林因病去世。

投身红军　三过草地

1915年7月，廖祥林出生于安徽省金寨县南溪镇的一个贫农家庭。地处大别山腹地的金寨有着光荣的革命传统，被誉为“红军的摇篮、将军的故乡”。早在1924年，金寨就有了中国共产党的组织，是红四方面军、红二十五军的主要发源地，先后组建过11支主力红军队伍。革命战争年代，十万金寨儿女为国捐躯。南溪镇是鄂豫皖三省交界处的一座山区边贸重镇，这里就是1927年5月6日立夏节起义的发源地，它是继湖北省麻城起义之后，在大别山区爆发的又一次武装起义，成立了中国工农红军第十一军第三十二师，形成了豫东南革命根据地，为创建鄂豫皖革命根据地作出了重大贡献。在这样的环境中长大的廖祥林，阶级觉悟和革命精神逐步被激发，他向往着加入红军，解放贫苦的劳苦大众，让劳苦大众吃饱穿暖、做国家的主人。1931年，

图2　金寨县革命博物馆中展示的立夏节起义场景的油画

廖祥林加入少先队；4月，他怀揣满腔热血毅然加入红四方面军十二师，师长就是大名鼎鼎的陈赓大将，政委为刘杞。加入红军后，廖祥林先是在三十六团（团长为大将徐海东）特务队任勤务员，后调到十一师三十一团卫生队任卫生员、护士长、卫生队队长。1932年5月，在六安由张金仁介绍，廖祥林光荣地加入了中国共产党。

图3　1935年中国共产党西北军区党务委员会发廖祥林党证

1934年10月，第五次反“围剿”失败，中央主力红军为摆脱国民党军队的围追堵截，被迫实行战略性转移，进行艰苦卓绝的两万五千里长征。而红四方面军由于受张国焘右倾逃跑主义和分裂主义的错误影响，长征的历程更为曲折和艰难，单是草地就过了三回。“雪皑皑，野茫茫，高原寒，炊断粮。

红军都是钢铁汉，千锤百炼不怕难。雪山低头迎远客，草毯泥毡扎营盘。风雨侵衣骨更硬，野菜充饥志越坚。官兵一致同甘苦，革命理想高于天。”依靠着坚定的理想信念和坚强的革命意志，廖祥林跟着队伍走，跟着共产党走，三过草地，历经千辛万苦，终于在1936年8月到达会宁。

屯田垦荒　护佑生命

1937年8月，红四方面军在陕西省富平县改编为八路军第一二九师第三八五旅，旅长王宏坤，副旅长王维舟，下辖两个主力团，即七六九团和第七七〇团。根据八路军总部的安排，三八五旅分两路行动，廖祥林所在的红十二师改编为七七〇团，由旅长王宏坤率领，留在陕甘宁，保卫党中央。上前线冲锋陷阵无比光荣，留在后方保卫中央首长同样责任重大。抗日战争进入相持阶段后，为解决根据地的困难，坚持长期抗战，中共中央提出发展生产

图4　陕甘宁军民开展大生产运动

的战略部署。1943年4月，七七〇团的上千名战士，在团长张才千、政委肖元礼带领下，进驻甘肃省的大凤川、小凤川垦区，向荒山进军，开展生产活动，在边区又创造了一个“南泥湾”，曾是荒山僻壤的大凤川成了“万宝川”。

部队日益发展壮大，可医护人员短缺，很多伤病员因得不到及时救治而牺牲。在红军这所大学校里，廖祥林对自己严格要求并迅速成长，成为一名称职的红军战士，也从一名卫生员成长为主治医生、卫生部部长，用自己精湛的医疗技术守护着红军战士的生命。从抗日战争到解放战争，廖祥林历任陕甘宁边区三八五旅七七〇团卫生队主治医生、副队长、队长，延安和平医院外科医生，第一野战医院三所所长，一野四军十一师卫生部部长。

精研医术　以医报国

1949年6月，廖祥林进入沈阳中国医科大学进修公共卫生科。这所学校前身为中国工农红军卫生学校，是中国共产党创办的第一所医科学校，也是中国共产党所领导的历史最长久的一所学校，被誉为“红色医生的摇篮”。

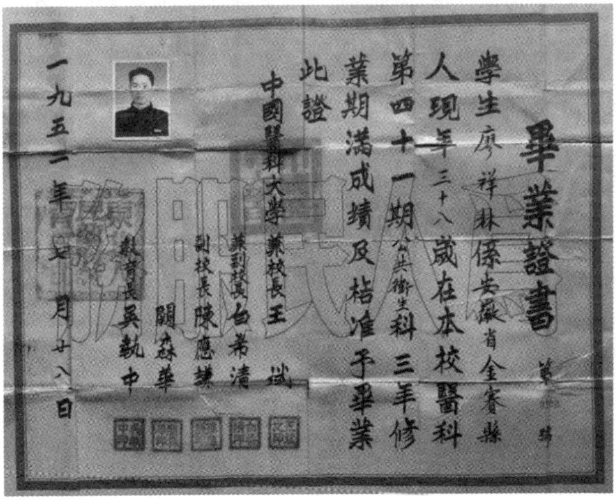

图5　廖祥林1952年中国医科大学毕业证书（其中副校长陈应谦正是我校1936届校友）

1950年3月1日，毛主席、周总理再一次视察了中国医科大学。当毛主席听完了中国医科大学的情况汇报后说：“中国医大，过去是我党、我军最早创办的一所医科学校，多年来，为中国革命培养了大批人才，为抗日战争、解放战争作出了贡献。现在情况变了，全国解放了，今后的任务更加繁重。教育一定要坚持理论和实践的结合，教育要为无产阶级政治服务，一定要把人民的医科大学办好。”同月，为贯彻国家提出的“预防为主”的卫生方针及把中国医科大学办成新型正规化大学的要求，中国医科大学正式建立了新中国成立后的第一所公共卫生学院，廖祥林就是在这里完成了3年的学业，以优异的成绩顺利毕业。

从1953年到1959年，廖祥林先后任北戴河军委疗养院院长、空军后勤部

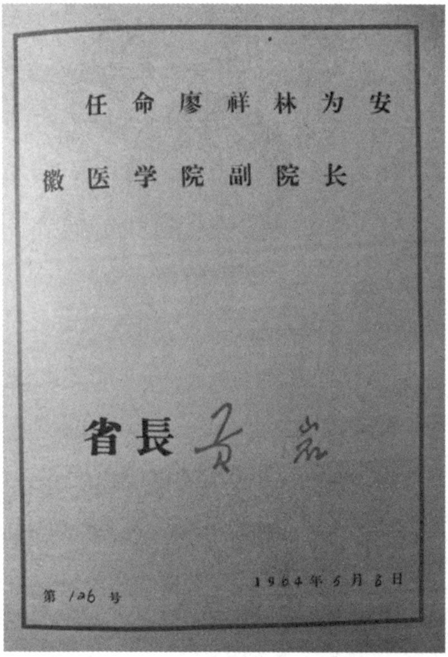

任命廖祥林为安徽医学院副院长

省長

第126号　　1964年5月8日

图6　1964年时任省长黄岩签署廖祥林为安徽医学院副院长的任命书

图7　20世纪70年代廖祥林主持安医一附院中西医结合治疗烧伤研讨会

卫生部副部长。1955年被授予上校军衔，荣获二级八一勋章，三级独立自由勋章和三级解放勋章。1959年8月，廖祥林任安徽医学院党委常委、副院长；1964年3月，兼任安徽医学院第一附属医院院长、党总支书记；1982年3月离职休养。1990年，廖祥林因病去世。

从加入中国共产党的那天起，廖祥林就坚定了为党和人民的事业奋斗终生的信念，他把自己的一生都奉献给了这个伟大的国家。从16岁跟着红军开始，他始终都在践行着自己的承诺，他从雪山草地走来，从枪林弹雨中走来，坚定“只要跟党走，就有前途，就会胜利”的信念，救死扶伤、精忠报国。2016年习近平总书记视察金寨时说：“一寸山河一寸血，一抔热土一抔魂。回想过去的烽火岁月，金寨人民以大无畏的牺牲精神，为中国革命事业建立了彪炳史册的功勋，我们要沿着革命前辈的足迹继续前行，把红色江山世世代代传下去。”作为后辈的安医人，我们要永葆传承红色基因的使命感，带着老红军们矢志不渝的信念，让红色文化成为精神食粮，让更多的人接受红色文化的洗礼，走好新时代的长征路。

（作者：张　芳）

肖世鸿：赤胆忠诚　永葆本色

图1　肖世鸿

肖世鸿（1916—2006），江西泰和人。1932年入伍，在江西兴国县参加中国工农红军，任红一方面军第十五军团补充师看护员（卫生员）、看护长。历经千辛万苦走过两万五千里长征，跟随毛泽东、朱德到达陕北吴起镇。1938年3月加入中国共产党。抗日战争和解放战争期间历任工农红军一一五师三四四旅班长、休养所副所长；新四军淮海三支队卫生队队长；新四军三师十旅一团卫生队队长、休养所所长；八路军三十五旅卫生部医务主任，卫生部副部长；八路军八十九师卫生处处长。1952年到1955年抗美援朝时期在解放军二十军任野战医院副院长、卫生部副部长。1955年回国后先后任安徽省干部疗养院副院长，安徽中医学院附属医院副院长，安徽医学院后勤处处长、安徽医学院附属医院副院长等职。1977年光荣离休。

参加红军　走过长征

肖世鸿1916年出生于江西省泰和县，12岁时就参加了村里组织的儿童团，为根据地的红军、红军赤卫队站岗放哨，为革命武装送情报。1932年8月，年仅15岁的他和乡里的10个小伙伴一道（新中国成立后查实有8人在战斗中牺牲）在江西兴国县参加了红军，被编入红一方面军第十五军团补充师的一个连队任看护员（卫生员）、看护长。肖世鸿参加了第五次反“围剿”斗争，参加了两万五千里长征，他跟随红军主力从江西瑞金出发，一路经历千难万险，途经11省市于1935年到达陕北吴起镇。在长征中，他深受生与死的考验，翻雪山走草地，忍着饥饿受着冰冻，吃草根啃树皮。过草地经过藏区时，部队常常粮食短缺、缺医少药，作为一名卫生员，肖世鸿不仅自己要忍饥挨冻，不间断地照顾伤病员，还须时常查看其他战士的饮食、水及卫生状况，督促战士们尽可能保持卫生，减少疾病发生和防止非战斗减员。在前有

图2　红军长征时翻越雪山（来源于网络）

阻敌，后有追兵，部队又缺衣少粮的极其恶劣的环境下，他和同志们靠着对党、对革命事业的必胜信念，顽强坚持了过来。正是这种坚韧不拔的革命精神，使千万个红军战士不断成长起来，部队也不断得到壮大，为中国革命取得最后的胜利奠定了坚实的基础。

戎马生涯　救死扶伤

从抗日战争到解放战争再到抗美援朝，肖世鸿为了中华民族的解放独立，为了建立新中国，随部队辗转南北浴血奋战，无论是在八路军、新四军、解放军还是中国人民志愿军的序列里，他都义无反顾，将个人生死置之度外。他参加过反“围剿”斗争、抗日战争、平型关大捷、淮海战役、抗美援朝等各种战斗有180余次，直接参与救护的伤员达1350人次。1938年3月肖世鸿加入了中国共产党，除了浴血奋战不惧生死以外，他还严守党的纪律、对党无比忠诚。在解放战争中，部队在一次战斗中缴获了国民党军队500块大洋，当时有人主张将这些大洋分掉，肖世鸿制止了这种行为，把这些钱都如数上交，事后受到了上级的通报表扬。革命战火淬炼着肖世鸿从一名基层连队卫生员迅速成长为二十军野战医院的负责人，他的个人成长经历被编入《新四军卫生史》《中国人民解放军二十军卫生志》《中国人民解放军三十九军卫生志》等。

图3　1996年安徽省委、省人民政府颁发给肖世鸿的中国工农红军长征胜利六十周年纪念品

图4　肖世鸿（前排左2）

和平岁月　永葆初心

1955年，肖世鸿从朝鲜战场回到国内，从部队转业地方工作。他到安徽后，先组建了位于巢湖半汤的干部疗养院，后在安徽中医附院、安徽中医学院、安徽医学院、安医附院任领导职务。不管是在部队，还是在地方工作，肖世鸿都严谨工作、认真负责、兢兢业业、勤勉自律。因工作需要，组织为他配备了专用小轿车，但他坚决表示不用公家车。在中医学院工作近10年的时间都是坚持步行上下班，每天往返工作单位4趟，路程加起来至少在20公里以上。1977年他光荣离休，虽然从工作岗位上退了下来，但他始终不忘自己是一名共产党员，一如既往地发挥着光和热。离休后的他经常去单位了解情况，关心医院的发展，提出一些合理的建议和看法。为在校的大学生作报告20余场次，与青年人谈理想、谈人生、谈未来，帮助他们树立正确的人生观、价值观。他还多次向受灾地区捐款捐物。肖世鸿入党六十余载，始终保

图5　1950年3月八十九师医训队在浏河合影（第2排左起第11位为肖世鸿）

图6　肖世鸿部分证件和勋章（左上3枚是抗战胜利纪念章，
右上3枚是渡江战役纪念章，中间有毛主席头像的是抗美援朝纪念章）

持着共产党人的先进本色和高尚情操，他长期坚持学习，在日记里深情地写道："我入党已有六十余载，时常在我脑海里流淌着坚强的信念，通过不断学习，深刻体会'三个代表'重大深远意义。深知中国共产党作为中华民族的先锋队，就是为先进生产力和先进文化的发展，为最广大人民群众的利益，必须始终保持共产党人的先进本色和高尚的情操。我参加革命几十年，工作兢兢业业，廉政为公，图得（的）就是无愧于做名忠实而彻底的共产党员，全心全意为人民利益而奉献一切。”

图7　1955年肖世鸿从朝鲜回国后在南京军区拍摄的照片（后排站立者为肖世鸿和妻子封永华，前排坐者为其岳父封玉珍，站立儿童为其子肖浦川）

肖世鸿戎马一生，保家卫国，救死扶伤，他是千千万万个为解放祖国和建设新中国奉献出生命和心血的老红军之一。万里长征路遥迢，青史长留照古今。我们从档案

图8　2000年初肖世鸿照片

图9 2015年肖世鸿获颁抗日战争胜利70周年纪念章

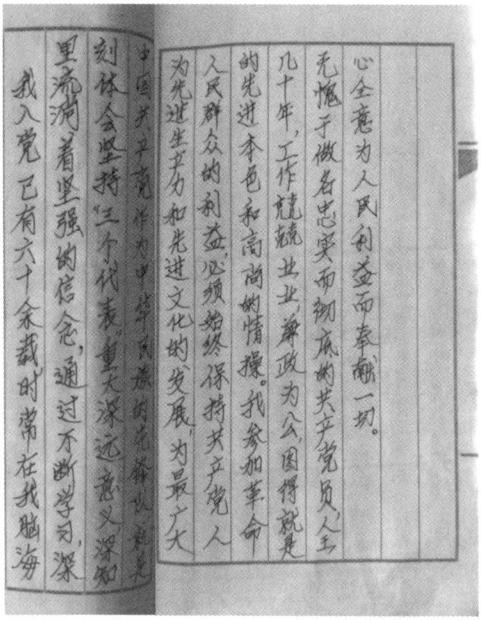
心全意为人民利益而奉献一切。
无愧于做名忠实而彻底的共产党员，人生
几十年，工作兢兢业业，廉政为公，图得就是
的先进本色和高尚的情操。我参加革命
人民群众的利益，必须始终保持共产党人
为先进生产力和先进文化的发展，为最广大
中国共产党作为中华民族的先锋队，就是
刻体会坚持"三个代表"重大深远意义，深知
里流淌着坚强的信念，通过不断学习，深
我入党已有六十余载时常在我脑海

图10 肖浦川手抄肖世鸿学习笔记

中查找老红军的英雄事迹，学习老红军的革命精神，就是要让红色基因不断传承下去，内化于心，外化于行，将红军精神在口口相传中融入我们的日常生活，成为我们做人做事的精神坐标。不论我们的事业发展到哪一步，不论我们取得了多大成就，都可以从中获得精神的支撑、价值的导航，在新时代的长征路上继续奋勇前进。

（作者：张 芳）

王启刚：铮铮铁骨　志在四方

图1　王启刚

王启刚（1915—1996），安徽省六安县南岳庙乡（现六安市裕安区南岳庙村）人。1930年在六安麻埠街参加中国工农红军，1931年转入红四方面军。1933年5月入党。1935年参加了两万五千里长征，历任红四方面军宣传员、连长、指导员、政治部干事、特务团党总支书记。1938年到达延安，经过抗日军政大学的学习后，走上了抗日前线。其参与开创平北抗日根据地，坚持敌后武装斗争，历任晋察冀边区抗日挺进军政治部组织科科长，平北军分区游击一大队政委、四十团政委、龙延怀联合县区队政委兼县委书记、政治部副主任。抗战胜利后，王启刚又参加了解放战争，历任冀察军区独立二师政治部主任，平北军分区副政委兼政治部主任，冀热察军区独立七师副政委兼政治部主任、卫生部政委，皖南军区卫生部政委。新中国成立后，王启刚历任华东军区干部疗养院政委、安徽省军区安庆军分区副政委、地委常委。1955年被授予大校军衔，并荣获二级八一勋章、二级独立自由勋章、二级解放勋章。1958年转业后历任蚌埠医学院党委副书记、蚌埠市委常委。1963年院校合并后调任安徽医学院党委副书记、副主任、顾问等职。1979年离职休养。1996年6月逝世。

信念坚定跟党走

1915年，王启刚出生于安徽省六安县南岳庙乡，其父母去世较早，继母带着他和弟弟靠帮工维持生活，艰苦的家庭环境不仅磨炼了他的意志，更培养了他坚韧不拔的品格，为其日后成为一名优秀的军人、共产党员打下了坚实的基础。1930年4月，王启刚在六安麻埠街参加了中国工农红军鄂豫皖红军游击队，1931年转入鄂豫皖红四方面军第十一师三十三团二营。1933年5月在四川红江县新场坝，由董家呼介绍，王启刚加入了中国共产党。1933年7月，红四方面军在川陕地区进行整编，以原红十一师为基础，加上苍溪、长池独立团等部队扩编组成红三十军，王启刚随之编入红三十军八十九师。1935年，王启刚参加了两万五千里长征，三过草地。1936年红军三大主力会师后，红三十军编入西路军。1937年3月西路军失败后，王启刚一度与组织失去了联络，但是他凭着坚定的信念和理想，坚持寻找组织，历经重重磨难。1938的2月，王启刚终于在甘肃兰州找到了八路军驻甘肃的办事处，并最终到达延安。

图2　王启刚在延安抗日军政大学就读时留影

1938年4月在陕甘宁边区，王启刚进入抗日军政大学学习，恢复了组织关系。

经过抗日军政大学的学习后，王启刚立刻奔赴抗日前线，参与开创平北抗日根据地，坚持敌后武装斗争；抗战胜利后，又参加了解放战争。

图3　王启刚同志荣获的部分勋章

豪情只对青山说

王启刚戎马半生，曾经参加过大小战役无数，但是令他记忆最深刻的是闫家坪游击战和收复张家口之战。1940年，王启刚指挥了察哈尔省龙关县的闫家坪战斗，闫家坪四面环山，日军设立了很多据点，这些据点地理优势明显，联系方便且兵力充足，对我方根据地造成了很大威胁。王启刚一方面抓紧整顿队伍，加强训练；另一方面，做出了严密的战略部署，时刻做好战斗准备。1941年1月31日拂晓，敌人发起了猛烈的进攻，激烈的战斗持续到下午5点，王启刚带领部队浴血奋战，击退了日军，这是平北抗日根据地创立初期取得的一次较大规模的胜利。

1945年8月15日，虽然日本天皇正式宣布无条件投降，但是日军仍然没有完全放下武器，还在做无谓的抵抗。8月15日当天，王启刚接到命令，率部向张家口市挺进。王启刚在开展战前动员、城市政策和纪律教育之后，于8月20日带领部队主动发起了攻击，很快占据有利地形，经过4天4夜的连续奋战，最终收复了张家口市。但是，在日军的摧残下，张家口市断壁残垣。残留的日伪分子潜伏起来继续作恶，进行暗杀、破坏、抢劫等罪行，并制造谣言，妄图破坏党群关系。由于领导有方，我军坚决执行党的各项方针政策，对待人民群众，秋毫无犯，全市的生产和生活秩序很快恢复了正常。张家口之战彰显了我军的力量，鼓舞了全军和全国人民。

放马南山育英才

1958年，王启刚从部队转业，历任蚌埠医学院党委副书记、蚌埠市委常委。1963年，任安徽医学院党委副书记等职。任职期间，王启刚执行毛泽东同志对教育工作的重要指示，参与学制、课程、教学方法和考试方法等方面的改革，在教学内容和教学方法中克服烦琐的哲学和教条主义，并倡导学生在德智体方面综合发展，丰富课余生活，为学生开展减负、强身健体等系列活动。

血吸虫病是一种人畜共患的寄生虫病，患者到了晚期，腹大如鼓，丧失劳动、生育能力，直至死亡。安徽省是血吸虫病的重流行地区之一，安徽医学院的师生、员工在血吸虫病防治战线上作出了重大贡献。1964年，安徽省委要求各级党委高度重视血吸虫病的防治。王启刚和其他校领导响应省委号召，派出数批医疗队，奔赴我省血吸虫病流行区，开展防治救助工作。

1978年12月，王启刚再任安徽医学院党委副书记。由于前半生在枪林弹雨中度过，他身负多处刀伤、枪伤、炮伤，且长期的革命斗争工作使其积劳成疾，经常带病工作，住院之后王启刚才停下忙碌的脚步。在安徽省档案馆记载的个人退休申请中，王启刚言辞恳切地表达了对党的感激之情，其感谢党组织对他多年以来的培养教育，并对自己的身体每况愈下感到无奈，数次提到因无法胜任党交给他的工作任务而感到遗憾，字里行间流露出一位老党员、老战士、老革命者的高风亮节，信念的能量、大爱的胸怀、忘我的精神、进取的锐气，令人动容。

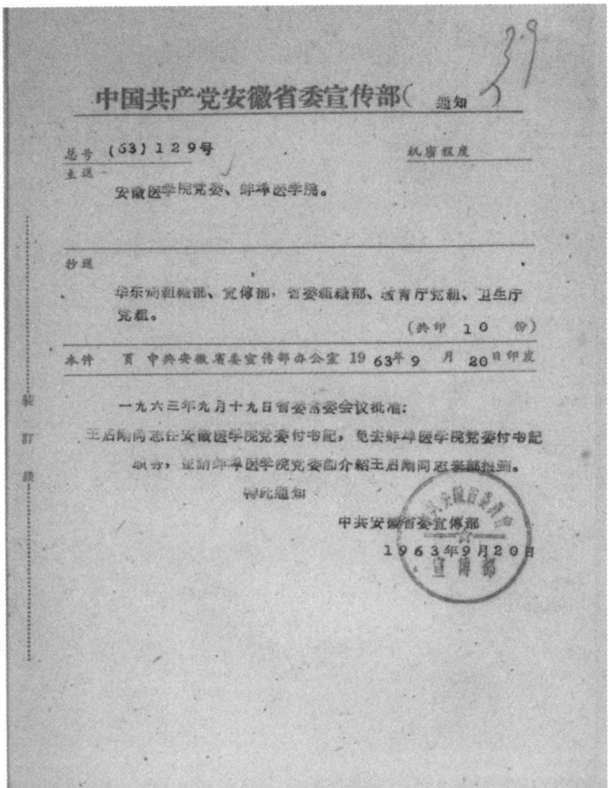

中国共产党安徽省委宣传部（通知）

总号（63）129号　　机密程度

主送

安徽医学院党委、蚌埠医学院。

抄送

华东局组织部、宣传部，省委组织部、教育厅党组、卫生厅党组。

（共印 10 份）

本件　页　中共安徽省委宣传部办公室 1963年9月20日印发

一九六三年九月十九日省委常委会议批准：

王启刚同志任安徽医学院党委付书記，免去蚌埠医学院党委付书記职务，並請蚌埠医学院党委即介紹王启刚同志来院报到。

特此通知

中共安徽省委宣传部

1963年9月20日

图4　1963年省委宣传部任命王启刚来校任职文件

在血与火的革命战争年代，老一辈革命家给我们留下了宝贵的精神财富，铸就了革命文化的底蕴，丰富了革命文化的内涵，是激励我们继续前行的精神动力。

装点此关山，今朝更好看。鸦片战争以来，经过近200年的持续奋斗，我们比历史上任何时期都更接近中华民族伟大复兴的目标，比历史上任何时期都更有信心、有能力实现这个目标。站在新的历史起点上，我们一定要铭记光辉历史、传承红色基因，把革命先辈开创的伟大事业不断推向前进。

（作者：张幸媛）

后　　记

2021年是中国共产党建党100周年。在庆祝建党百年华诞的重大时刻和“两个一百年”奋斗目标历史交汇的关键节点，党中央决定在全党开展党史学习教育。习近平总书记作出重要批示：“特别是要把蕴含党的初心使命的红色档案保管好、利用好，把新时代党领导人民推进实现中华民族伟大复兴的奋斗历史记录好、留存好，更好地服务党和国家工作大局、服务人民群众！”在这样的背景下，“红星闪耀安医人”项目应运而生。具有95周年办学历史的安徽医科大学，几乎与党的发展史同频共振。历史无声，档案有痕，身为“历史”的守护者，安徽医科大学的档案工作者们聚焦我校历史上二三十年代入党的共产党员，用鲜活的历史人物、珍贵的档案史料，将学校近百年党史和校史结合起来，讲好党的故事，讲好安医故事，使党史学习教育更加有理有据、深入人心。

《红星闪耀安医人》是安徽医科大学数据信息中心（档案馆）集体创作的结晶。书中大部分共产党员的事迹属首次挖掘，由于年代久远，文献稀缺，史料与后人知晓的情况相互冲突也时常出现，为此团队成员亲赴安徽省档案馆、合肥市档案馆、学校怀远校址及上海市多所档案馆搜寻档案文献，还通过实地拜访、电话和网络等途经与这些革命前辈的后人以及生前的工作单位联系，尽一切所能对历史进行考查求证。尽管过程曲折而艰辛，但每当拂开历史的尘埃，让真实的人物浮现面前时，作者的内心无比自豪与幸福，这或许就是档案工作的魅力所在。传承红色基因，赓续百年血脉，深入挖掘档案资源的过程，也是不断学习、不断接受革命洗礼的过程。每每重温老党员的生平事迹，作者的内心都被深深地触动。受时间和篇幅限制，本书仅收录了12名二三十年代入党的共产党员事迹，他们是安医人为党和国家的伟大事业不懈奋斗的缩影和代表，在此向安医历史上的每一位革命前辈致敬！由于作者水平有限，书中讹误和遗漏难免，恳请读者不吝赐教并惠予资料，以便再版时臻于完善。

本书在创作过程中，得到了校领导的高度重视。校党委书记顾家山同志为书籍命名并亲自作序，顾家山、曹云霞担任本书总顾问，校领导刘群英、肖圣龙、吕雄文担任本书顾问，校党委宣传部参与编写。本书也是安徽医科大学“三全育人”综合改革试点项目成果，在此对支持项目的相关人员表示由衷的感谢！上海市第一人民医院、北京军区总医院、隆昌市人民医院、首都医科大学、中国医科大学、四川卫生党史（委史）馆、忠县县志办公室、校离退休工作处等单位在我们查找史料的过程中都提供了无私帮助，在此对以上单位表示诚挚感谢！尤其要感谢这些革命前辈的亲属为我们提供了大量的资料，如吴峥峥、马新平、江晓淮、李鲁玲、陈小玲、廖荣丰、肖浦川、刘辉华等。另外，本书在编写过程中参考或摘录了有关书籍的相关材料，限于篇幅恕不一一列出，在此对相关作者一并致谢！

编　者

2021年10月

图书在版编目（CIP）数据

红星闪耀安医人/张芳，惠继荣主编．—合肥：合肥工业大学出版社，2021.11（2023.8重印）

ISBN 978-7-5650-5516-4

Ⅰ．①红…　Ⅱ．①张…②惠…　Ⅲ．①安徽医科大学—模范共产党员—先进事迹　Ⅳ．①D263

中国版本图书馆CIP数据核字（2021）第221256号

红星闪耀安医人

张　芳　惠继荣　主编　　　　责任编辑　孙南洋

出　版	合肥工业大学出版社	**版　次**	2021年11月第1版
地　址	合肥市屯溪路193号	**印　次**	2023年8月第2次印刷
邮　编	230009	**开　本**	710毫米×1010毫米　1/16
电　话	人文社科出版中心：0551－62903200	**印　张**	7.75
	营销与储运管理中心：0551－62903198	**字　数**	110千字
网　址	press.hfut.edu.cn	**印　刷**	安徽联众印刷有限公司
E-mail	hfutpress@163.com	**发　行**	全国新华书店

ISBN 978-7-5650-5516-4　　　　定价：39.00元

如果有影响阅读的印装质量问题，请与出版社市场营销部联系调换。